NOTE AU LECTEUR

Ce livre est présenté sous sa forme originale et fait partie des écrits religieux et des travaux du fondateur de la Scientologie, Ron Hubbard. Il s'agit d'un compte rendu des observations et des recherches effectuées par M. Hubbard concernant la vie et la nature de l'Homme. Il ne constitue pas un exposé de prétentions avancées par l'auteur, l'éditeur ou une quelconque Église de Scientologie.*

La Scientologie est définie comme l'étude et le traitement de l'esprit dans sa relation avec lui-même, les univers et les autres formes de vie. Elle traite de la nature spirituelle de l'être humain et de son rôle dans l'éternité. Ainsi, la mission de l'Église de Scientologie est très simple : aider l'individu à recouvrer sa véritable nature en tant qu'être spirituel et ainsi atteindre une conscience de sa relation avec ses semblables et l'univers. C'est en cela que réside le véritable chemin de l'intégrité personnelle, de la confiance, de l'édification et de la liberté spirituelle.

La Scientologie et la Dianétique, qui en est le précurseur et une branche, telles qu'elles sont pratiquées par l'Église, s'adressent uniquement au « thétan » (l'esprit), considéré comme supérieur au corps, et à la relation du thétan avec le corps et les effets qu'il a sur lui. Même si l'Église, comme toutes les autres Églises, est libre de pratiquer la guérison spirituelle, elle vise principalement une conscience spirituelle accrue pour tous. Pour cette raison, la Dianétique et la Scientologie ne sont pas présentées à titre de méthode de guérison, et aucune prétention n'est avancée à cet effet. L'Église n'accepte pas de gens souhaitant un traitement pour des maladies physiques ou mentales ; elle requiert un examen médical de la part d'un praticien compétent afin de déceler tout mal physique avant de s'adresser à sa cause spirituelle.

L'électromètre Hubbard*, ou E-meter, est un objet religieux utilisé par l'Église. En soi, il n'accomplit rien. Il est utilisé exclusivement par les étudiants et les ministres de la religion de Scientologie spécialement qualifiés, pour aider les paroissiens à trouver la source de leur détresse spirituelle.

La réalisation des bienfaits et des buts de la religion de Scientologie exige une participation individuelle ; ils ne peuvent être atteints que par les efforts sincères du participant.

Nous espérons que la lecture de ce livre ne sera qu'une de vos étapes dans votre voyage à la découverte de cette importante nouvelle religion mondiale.

CE LIVRE APPARTIENT À :

LES PROBLÈMES DU TRAVAIL

LA SCIENTOLOGIE APPLIQUÉE AU MONDE DU TRAVAIL

LES PROBLÈMES DU TRAVAIL

LA SCIENTOLOGIE APPLIQUÉE
AU MONDE DU TRAVAIL

L. RON HUBBARD

Bridge
Publications, Inc.

UNE
PUBLICATION
HUBBARD*

Publié par
BRIDGE PUBLICATIONS, INC.
4751 Fountain Avenue
Los Angeles, California 90029

ISBN 978-1-4031-4569-7

© 1973, 1983, 1993, 2007
L. Ron Hubbard Library.
Illustration : © 2007
L. Ron Hubbard Library.
Tous droits de reproduction et d'adaptation réservés.

FRENCH – THE PROBLEMS OF WORK

Imprimé aux États-Unis d'Amérique

SCIENTOLOGIE : système d'axiomes organisés pour résoudre les problèmes relatifs à l'esprit, à la vie et à la pensée, développé par Ron Hubbard en appliquant les méthodes des sciences exactes aux sciences humaines.

Le mot *Scientologie* vient du mot latin *scio* (savoir au plein sens du mot) et du mot grec *logos* (étude de). La Scientologie est aussi définie comme l'étude et le traitement de l'esprit dans sa relation avec lui-même, les univers et d'autres formes de vie.

DIANÉTIQUE : précurseur et branche de la Scientologie.

Dianétique vient des mots grecs *dia* (à travers) et *noûs* (esprit ou âme). La Dianétique est ce que l'esprit fait au corps.

Remarque importante

En lisant ce livre, faites très attention de ne jamais aller au-delà d'un mot que vous ne comprenez pas pleinement. La seule raison pour laquelle une personne abandonne l'étude d'un sujet, sombre dans la confusion ou devient incapable d'apprendre est qu'elle a poursuivi sa lecture au-delà d'un mot qu'elle n'avait pas compris.

La confusion, l'incapacité à saisir ou à apprendre se manifeste APRÈS un mot dont vous n'avez pas la définition et que vous n'avez pas compris. Il se peut que ce ne soit pas uniquement les mots nouveaux ou inhabituels qu'il vous faille chercher dans le dictionnaire. Certains mots courants se révèlent souvent être mal définis, et engendrent ainsi de la confusion.

Cette donnée selon laquelle on ne devrait jamais aller au-delà d'un mot qu'on est incapable de définir est la chose la plus importante à savoir dans le domaine entier de l'étude. Dans chaque sujet que vous avez commencé à étudier puis que vous avez abandonné, vous trouverez des mots dont vous avez manqué d'obtenir la définition.

Par conséquent, en étudiant ce livre, assurez-vous absolument de ne jamais continuer votre lecture au-delà d'un mot que vous ne comprenez pas complètement. Si le texte vous semble soudain confus ou difficile à saisir, il y aura un mot, juste avant ce passage, que vous n'aurez pas compris. N'allez pas plus loin, retournez AVANT le passage qui vous a paru difficile, trouvez le mot mal compris et obtenez sa définition.

Glossaire

Pour faciliter la compréhension du lecteur, Ron Hubbard a demandé aux éditeurs de fournir un glossaire. Il figure dans l'annexe, *Glossaire des éditeurs*. Les mots ont parfois plusieurs sens. Le *Glossaire des éditeurs* ne contient que les définitions des mots tels qu'ils sont utilisés dans ce texte. Vous pouvez trouver les autres sens dans un dictionnaire normal ou dans des dictionnaires de Dianétique et de Scientologie.

Si vous voyez d'autres mots que vous ne connaissez pas, consultez un bon dictionnaire.

TABLE DES MATIÈRES

INTRODUCTION

LA SCIENTOLOGIE, LA VASTE science de la vie, a de nombreuses applications.

Si vous saviez ce que fait la vie, vous sauriez ce que font de nombreuses sciences et activités.

Dans ce livre, la Scientologie se met au service du travailleur et du cadre en aidant l'Homme à être plus compétent et plus capable, moins fatigué et plus en sécurité dans son travail quotidien.

La Scientologie est déjà pratiquée dans bon nombre des entreprises les plus importantes de la Terre. Elles ont constaté qu'elles pouvaient l'utiliser.

L. RON HUBBARD

CHAPITRE PREMIER

COMMENT S'ASSURER UN EMPLOI ?

COMMENT S'ASSURER UN EMPLOI ?

C OMMENT S'ASSURER UN EMPLOI ?

Par les relations familiales ? Le piston ? Le charme personnel ? La chance ? Les études ? L'application au travail ? L'intérêt ? L'intelligence ? Les capacités personnelles ?

Pour qui a vieilli et est même devenu quelque peu cynique dans le monde du travail, les premiers éléments semblent l'emporter. Seule la jeunesse paraît encore croire de façon illusoire ou à tort que les capacités personnelles, l'intelligence, l'intérêt, les études et l'application au travail y sont pour quelque chose. Et les plus cyniques voudraient même nous faire croire que ce ne sont, en effet, que les symptômes d'une verte jeunesse.

On a trop souvent vu le fils devenir contremaître et le nouveau gendre, hier encore expéditionnaire, accéder aux hauteurs du conseil d'administration. On sait d'ailleurs trop souvent que ce fils et ce gendre n'ont jamais eu, pour commencer, la moindre aptitude et que, sans crainte de sanctions, ils se soucient moins de l'entreprise que le pire des employés. Les relations familiales relèvent du hasard de la naissance – un accident plutôt que, comme cela arrive trop souvent, une condamnation à faire involontairement partie d'une famille.

Abstraction faite pour le moment des relations familiales, que reste-t-il ?

Il y a le piston. Les relations personnelles ont un rôle prépondérant quand il s'agit d'obtenir, de conserver et d'améliorer une situation professionnelle. Cela ne fait aucun doute. Un ami travaille pour la société Durand-Dupont, il sait qu'il y a un poste vacant, l'ami a d'autres amis qui ont d'autres amis, de sorte qu'on peut s'installer dans la société Durand-Dupont et y travailler avec une sécurité relative et en nourrissant des espoirs de promotion.

Puis, il y a le charme personnel. Que de fois a-t-on vu la jeune dactylo, incapable d'écrire « chat », élevée soudain, les doigts engourdis sur le clavier de sa machine, au poste de secrétaire particulière du patron où, toujours incapable d'orthographier « chat », elle peut sûrement épeler « augmentation », augmentation à nouveau et peut-être même « restaurant quatre étoiles » ou « collier de diamants ». Et on a également vu le jeune homme « présentant bien » réussir mieux que ses aînés parce qu'il savait peut-être raconter la bonne plaisanterie ou jouer un petit peu moins bien au golf.

On a vu aussi le facteur des études être faussé dans les entreprises et les gouvernements et l'on a vu le professionnel ayant acquis, au prix de sa vue, une connaissance inestimable, se voir supplanté par un individu quelconque n'ayant pour tout certificat qu'un diplôme d'arriviste. On a vu la folie des ignares commander la multitude, alors que les sages n'en conseillaient qu'une poignée.

De même, l'application au travail ne semble guère avoir de place pour les quelques cyniques parmi nous qui ont tout vu. L'empressement de la jeunesse à s'échiner au travail est trop souvent freiné par l'ancien qui dit : « Pourquoi te mettre en nage, jeunot ? De toute façon, ça revient au même. » Et peut-être est-on resté après l'heure, s'est-on barbouillé d'encre ou attardé à son poste plus qu'on n'y était obligé, pour constater ensuite que la meilleure paie va au paresseux méprisé. Ce n'est pas juste, s'est-on dit, loin de là.

Et l'intérêt, on l'a vu, ne mène à rien non plus. Après s'être absorbé dans le jeu mortel de l'entreprise ou du service où les rivalités obligeaient à négliger sa femme ou sa vie, après avoir travaillé toute la nuit et consacré ses loisirs à trouver des solutions pour sauver l'entreprise, après les avoir présentées et les avoir vues revenir, négligées, et après avoir, quelque temps plus tard, observé que son ou sa collègue qui ne s'intéressait qu'à un homme ou à l'« oseille » et non à l'entreprise, parvenait aux postes supérieurs, on a eu, semble-t-il, quelque raison d'être moins intéressé. L'intérêt porté à son travail a été condamné par ceux-là mêmes qui, ne le comprenant pas, se lassaient d'en entendre parler.

Devant tant de désillusions, l'intelligence semble n'avoir aucun rapport avec nos destinées. Lorsqu'on voit les idiots régenter les masses, lorsqu'on voit accepter des projets et des décisions que même les enfants des travailleurs auraient réprouvés, on peut s'interroger sur le rôle de l'intelligence. Mieux vaut être sot, pourrait-on en conclure, que de toujours se révolter contre les niaiseries qui, dans l'entreprise, passent pour de la planification.

Face à ce torrent, cette confusion chaotique de motifs aléatoires d'avancement et d'augmentations de salaires, avoir des capacités personnelles peut paraître du gaspillage. On a vu ses propres capacités gaspillées. On a vu celles d'autrui méprisées. On a vu l'incompétence mener au succès, la compétence à l'oubli, voire au chômage. Aussi pour nous, petits rouages dans la machine grinçante des affaires, les capacités personnelles pourraient sembler ne plus avoir l'importance que nous avions pu leur prêter autrefois. Partout, il faut alors s'en remettre à la chance, et rien qu'à la chance, jusqu'à la fin.

Il pourrait donc apparaître, même à l'observateur « expérimenté », que l'obtention, la conservation et l'amélioration d'un emploi relèvent d'une multitude chaotique de causes qui échappent toutes à notre volonté. À la place d'une prévision ordonnée, nous acceptons comme destinée une succession incohérente d'« imprévus ».

Nous faisons un effort. Nous mettons des vêtements corrects et propres pour trouver un emploi, nous nous rendons chaque jour à notre travail, nous brassons des papiers, nous manipulons des paquets ou les pièces d'une machine en espérant assez bien faire, nous rentrons chez nous au milieu de l'encombrement des transports et nous nous préparons à trimer encore le lendemain.

De temps à autre, nous entreprenons un cours par correspondance, histoire de prendre une légère avance sur nos collègues… et le laissons souvent tomber sans l'avoir terminé. Il semblerait que nous ne soyons même pas capables de faire ce petit peu qui nous aiderait à lutter contre cette marée d'imprévus.

Nous tombons malades. Nous n'avons plus de congés de maladie. À peine remis, nous nous retrouvons sans travail. Nous devenons les victimes d'une cabale fortuite ou de la médisance et nous n'avons plus de travail. Nous nous voyons imposer des tâches que nous ne pouvons pas faire et nous voilà encore sans travail. Nous devenons trop vieux, passant le temps à nous souvenir que nous étions autrefois rapides et un jour nous n'avons plus de travail.

Le lot de tout homme dans le monde du travail quotidien est l'*incertitude*, alors que son but est la *sécurité*. Peu de gens parmi nous atteignent ce but. Les autres s'inquiètent de jour en jour, d'année en année, de leur capacité à trouver un travail, à le conserver et à améliorer leur sort. Bien trop souvent, nos pires craintes se réalisent.

Il était un temps où nous pouvions lever nos regards vers les riches et les envier. Maintenant les impôts qui nous accablent ont réduit même leur nombre, en dépit de l'habileté de leurs experts-comptables. États et gouvernements surgissent et nous promettent la sécurité pour tous puis nous imposent des restrictions qui semblent ébranler celle-ci.

De nouvelles menaces viennent jour après jour s'imposer à notre conscience. Un monde dans lequel règne la machine fait de l'Homme un rouage. On nous parle de progrès qui vont rendre le travail de milliers d'entre nous inutile. Et ainsi nous mourons de faim.

« *Un monde dans lequel règne la machine fait de l'Homme un rouage. On nous parle de progrès qui vont rendre le travail de milliers d'entre nous inutile. Et ainsi nous mourons de faim.* »

La publicité, dans les transports, dans les journaux, dans la rue, à la radio ou à la télévision, nous assaille de toutes sortes de choses à posséder. Peu importe le plaisir qu'on puisse avoir à les posséder, *nous*, les hommes qui les fabriquons, ne parvenons pas à les posséder – sûrement pas avec nos salaires ! Quand vient Noël, nous avons presque honte du peu que nous pouvons acheter et nous faisons durer le manteau une année de plus. Les années passent sans que nous rajeunissions. Nous avons à tout moment à faire face aux événements fortuits susceptibles d'assurer ou de briser notre avenir. Il n'y a rien d'étonnant à ce que nous ne croyions qu'à la *chance*.

Eh bien, voilà le problème.

Il faut travailler pour manger. Il nous faut continuer à être acceptables au travail pour vivre. Il faut compter sur les coups de pot pour améliorer notre sort. Nous sommes découragés et perplexes devant ce qui semble être une vaste confusion composée d'accidents, de chance et de malchance et d'un travail pénible et ingrat que rien ne récompensera.

Que ne donneriez-vous pas pour sortir de cette ornière ? Peut-être n'y êtes-vous pas. Dans ce cas, vous êtes un des privilégiés. Pour en sortir, les hommes ont perpétré les guerres et les révolutions les plus sanglantes de l'histoire. Des dynasties entières ont été réduites à néant dans une convulsion dévastatrice née du désespoir. Les emplois se font rares. Les conserver devient de plus en plus une affaire de chance, tant et si bien qu'à la fin, personne ne peut plus supporter la tension de l'insécurité et l'on en arrive à une révolution rouge et âpre. Est-ce que cela aboutit à quelque chose ? Non. La révolution est l'acte qui consiste à remplacer une tyrannie par une autre dix fois plus despotique que la précédente. Aucun changement de gouvernement ni même d'entreprise ne peut modifier la sécurité de base.

La quête de la sécurité est la quête de la régularité et de la paix. Le travailleur mérite ces choses-là. Il crée les biens. Il doit avoir de quoi vivre. Au lieu de cela, il a le chaos.

Mais où se trouve ce chaos ? Dans la famille du travailleur ? Certains le disent. Est-ce dans la nature du capital ? Certains le disent. Ou encore est-ce la conséquence d'un mauvais gouvernement ? Beaucoup l'ont dit. Est-ce en l'ouvrier lui-même ? Certains souhaiteraient qu'il le croie.

Non, il ne se trouve dans rien de tout cela. Le chaos de l'insécurité réside dans le chaos des informations sur l'emploi et sur l'individu. Si vous n'avez pas de boussole pour vous aider à trouver votre chemin dans la vie, vous vous égarez. Tant d'éléments récents – de l'ère industrielle – sont entrés dans la vie que la vie elle-même doit être mieux comprise.

Le travail et la sécurité font partie de la vie. Si on ne comprend pas la vie, on ne comprendra aucune de ces deux composantes. Si la vie dans son ensemble paraît chaotique, livrée aux suppositions et au hasard, le travail paraîtra très certainement chaotique aussi.

Mais le travail joue un rôle plus important que toute autre chose dans l'existence. Certains remarquent qu'on passe un tiers de sa vie au lit et que, de ce fait, les lits sont importants. Mais on passe plus d'un tiers de sa vie au travail et si l'on n'a pas de travail, on n'a pas de lit non plus ; le travail semble donc de loin plus important. Si l'on fait le total des divers aspects de la vie, l'amour, les sports ou les distractions, on découvrira que la plus forte concentration d'attention se porte sur le *travail* et non sur ces autres aspects de la vie. Que cela nous plaise ou non, le travail joue un rôle prépondérant dans nos existences. Si cela ne nous plaît pas, c'est que la vie elle-même ne nous plaît pas.

Face à un homme un peu fou, les vieilles « -ologies » nous invitaient à chercher du côté de sa vie sentimentale ou de son enfance. Une idée plus récente et bien meilleure est d'examiner la sécurité et les conditions de son travail. Au fur et à mesure que la sécurité baisse dans une nation, la folie s'accroît. Si l'on devait s'attaquer aux problèmes de la maladie mentale au niveau national pour les vaincre, on ne construirait pas de meilleurs asiles d'aliénés... on améliorerait les conditions de travail.

La vie se compose de sept dixièmes de travail, d'un dixième de famille, d'un dixième de politique et d'un dixième de détente. Les faits économiques, c'est-à-dire la lutte pour la paie, font les sept dixièmes de l'existence. Faire perdre à un homme son revenu ou son travail, c'est d'ordinaire le retrouver en mauvais état mental. Les preuves qu'on trouve partout suffisent à s'en convaincre.

Les soucis concernant la sécurité, la valeur personnelle et la capacité qu'on a de faire des choses pour les autres dans la vie sont les principales inquiétudes de l'existence.

Soyons très simples. Les gens les plus susceptibles de devenir névrosés ou fous sont ceux qui n'ont rien à faire et qui n'ont pas de but. Le travail, par essence, n'est pas une corvée, c'est quelque chose à faire. La fiche de paie nous apprend que nous valons quelque chose. Et bien entendu, cette paie nous permet, ou presque, d'acheter ce dont nous avons besoin pour vivre.

Fort bien. La sécurité dans le travail, donc, est importante. Mais la sécurité elle-même est une compréhension. L'insécurité est l'*inconnu*. Lorsque quelqu'un est dans l'insécurité, il ne sait tout simplement pas. Il n'est pas certain. L'homme qui *sait* vit dans la sécurité. L'homme qui ne sait pas croit à la chance. On se retrouve dans un état d'insécurité lorsqu'on ignore si l'on va être renvoyé ou non. Par conséquent, on se fait du souci. Ainsi en va-t-il de toute insécurité.

L'INSÉCURITÉ EXISTE EN L'ABSENCE DE CONNAISSANCE.

Toute sécurité provient de la connaissance. Tel homme *sait* que l'on s'occupera de lui quoi qu'il arrive. C'est une sécurité. Cela pourrait d'ailleurs se révéler fallacieux en l'absence d'une certaine connaissance.

La chance est le hasard. S'en remettre à la chance équivaut à s'en remettre au non-savoir.

Mais, en vérité, comment pourrait-on connaître quelque chose de la vie tant que la vie elle-même, en tant que connaissance, n'a pas été ordonnée ? Quand la vie elle-même est un sujet chaotique, comment le travail, qui fait partie de la vie, pourrait-il être autre chose qu'un chaos ?

Si *vivre* est un sujet inconnu, alors *travailler* et tout ce qui se rapporte au travail est forcément un sujet inconnu, en proie au cynisme, au désespoir et aux suppositions.

Afin d'obtenir, de conserver et d'améliorer un emploi, il faudrait connaître les règles exactes et précises de la vie pour atteindre la sécurité complète. Une connaissance passable de son travail ne suffirait pas. Cela ne constituerait pas une sécurité, car avec les années, on verrait s'y glisser trop des aléas dont nous avons déjà fait la liste.

« *L'insécurité existe en
l'absence de connaissance.* »

La connaissance des règles de base générales de la vie aboutirait à une sécurité dans la vie. La connaissance des règles de base de la vie aboutirait également à une sécurité dans le travail.

La Scientologie est une science de la vie. C'est le premier effort entièrement occidental pour comprendre la vie. Tous les efforts précédents sont venus d'Asie ou d'Europe de l'Est. Et ils ont échoué. Aucun d'eux n'a amené une plus grande sécurité. Aucun d'eux n'a pu améliorer le comportement humain. Aucun d'eux – et ils s'en sont vantés – n'a pu changer l'intelligence humaine. La Scientologie est quelque chose de nouveau sous le soleil. Mais aussi jeune qu'elle soit, elle n'en est pas moins la seule science de l'existence vérifiée de A à Z. Elle n'exige pas qu'on reste vingt ans sur un lit de clous pour découvrir qu'on est mortel. Elle n'exige pas une étude exhaustive des rats pour savoir que l'Homme est dans la confusion.

La Scientologie peut améliorer le comportement humain et le fait. Elle rend à l'individu le contrôle de lui-même... comme il se doit. La Scientologie peut augmenter l'intelligence humaine et le fait. D'après les tests les plus précis qui soient, on a montré que la Scientologie peut accroître considérablement l'intelligence d'un individu. Et la Scientologie peut faire d'autres choses. Elle peut réduire le temps de réaction et elle peut donner à quelqu'un un aspect plus jeune. Mais l'idée ici n'est pas de donner une liste de tout ce qu'elle peut faire. C'est une science de la vie et elle fonctionne. Elle s'occupe des règles fondamentales de la vie de façon adéquate et elle introduit de l'ordre dans le chaos.

Une science de la vie serait, effectivement, une science de l'ordre. Les choses telles que les accidents et la chance, si vous pouviez seulement en comprendre les principes fondamentaux, seraient soumises à votre volonté.

Comme nous venons de le voir, même les non-cyniques peuvent constater qu'il y a beaucoup d'aléas à obtenir, conserver et améliorer un travail. Certains de ces aléas paraissent tellement considérables et hors de portée qu'on ne peut, semble-t-il, rien y faire.

Si l'on pouvait limiter le hasard dans le travail, si l'on pouvait se faire les amis qu'il faut et être assuré que les autres tiennent compte de ses études et si l'on avait la moindre assurance que son intérêt, son intelligence ainsi que ses capacités innées n'allaient pas être gaspillées, eh bien, les choses n'iraient-elles pas mieux ?

Nous allons donc voir ce que la Scientologie peut faire pour réduire le hasard dans le travail quotidien... pour vous et pour ceux que vous connaissez.

Car après tout, qu'est-ce la vie ?

CHAPITRE DEUX

LA RÉSOLUTION DES CONFUSIONS DANS LE TRAVAIL QUOTIDIEN

LA RÉSOLUTION DES CONFUSIONS DANS LE TRAVAIL QUOTIDIEN

NOUS AVONS VU COMMENT ON pourrait être amené à croire qu'on risque de sombrer dans la confusion en se frayant un chemin dans le monde du travail. Il existe en effet de la confusion pour celui qui n'est pas muni de guides et de cartes.

Au fond, cela semblait très simple cette affaire qu'on nomme le travail, cette histoire de trouver un emploi. On recevait une formation, on lisait une petite annonce ou on venait de la part d'un ami pour avoir une entrevue au sujet d'un emploi. Puis on l'obtenait, on pointait chaque jour, on faisait ce qui était demandé, et avec le temps on espérait une augmentation. Plus tard encore, on en venait à espérer la retraite ou à avoir un gouvernement qui verserait des allocations vieillesse. Et c'était la simplicité des choses.

Mais les temps changent et les schémas simples sont souvent bousculés. Les divers incidents et accidents du sort entrent en scène. Indépendamment des facteurs personnels, des desseins plus vastes modifient le cours des événements. Le gouvernement, pour réaliser d'importantes économies, n'accorde pas des pensions suffisantes ; l'entreprise dans laquelle on travaille est balayée par une dépression économique ; ou bien encore, on perd inexplicablement la santé et on se retrouve à la charge des œuvres de bienfaisance.

Dans son travail quotidien, l'ouvrier ne fait pas figure de colosse face à ses nombreux ennemis. Le faux éclat du chemin que tracent si allégrement les agitateurs tout comme l'immense affection que prodigue à l'ouvrier telle ou telle idéologie ou tel homme politique ne reflètent pas les faits. Un homme au travail rencontre des difficultés bien assez grandes pour lui, aussi petites puissent-elles paraître à l'industriel qui a réussi. La moindre augmentation de ses impôts peut vouloir dire qu'il aura dorénavant à se passer de plaisirs simples. Si son entreprise connaît des moments difficiles, il peut avoir à subir une baisse de salaire, avec le risque de voir alors disparaître tout le superflu et même certaines choses nécessaires, voire son emploi.

Étant l'effet de courants internationaux, de gouvernements, de tendances commerciales et de marchés tous habituellement hors de sa portée, le travailleur a tout à fait le droit de croire que son sort n'est pas entièrement prévisible. En fait, on peut même comprendre qu'il soit désorienté.

Un homme peut mourir de faim en quelques jours. Peu de travailleurs ont à leur disposition les moyens de tenir plus de quelques jours si les courants changent. Par conséquent, bien des choses qui ne constitueraient pas un gros problème pour ceux qui sont à l'abri sont perçues comme des menaces par les travailleurs. Ces problèmes peuvent se multiplier à tel point que la vie tout entière paraît insupportablement confuse et que la personne sombre sans grand espoir dans l'apathie du train-train quotidien, s'accrochant à la croyance que la chance la sauvera du prochain orage.

Lorsqu'on considère les nombreux facteurs susceptibles de troubler sa vie et de saper sa sécurité, l'impression de « confusion » semble appropriée. Et on peut dire, en toute vérité, que toutes les difficultés sont par essence des confusions. Sujette à trop de menaces et d'inconnues, une personne baisse la tête et avance aveuglément en essayant de s'en tirer. Les confusions ont eu raison d'elle.

Assez de problèmes non résolus qui s'ajoutent les uns aux autres et l'on aboutit à une immense confusion. Au travail, l'ouvrier reçoit de temps à autre assez d'ordres contradictoires pour le plonger dans un état de confusion. Une usine moderne peut être si mal gérée que l'ensemble ne paraît plus être qu'une vaste confusion qu'il n'est pas possible de résoudre.

On a recours habituellement à la chance quand on est dans la confusion. Si l'on se sent dépassé par les forces alentour, on peut toujours « compter sur sa chance ». On entend par chance « la destinée qu'on ne gouverne pas soi-même ». Quand on lâche le volant d'une voiture en espérant qu'elle ne quittera pas la route, on est souvent déçu. Il en est de même dans la vie. Ce qu'on abandonne à la chance risque de moins bien s'arranger.

N'a-t-on pas vu un ami fermer les yeux sur les factures, serrer les dents et espérer qu'en touchant le tiercé, il résoudrait tous ses problèmes ? Nous connaissons des gens qui ont mené leur vie de cette manière durant des années. À vrai dire, l'entière philosophie d'un des grands personnages de Dickens reposait sur « l'attente que quelque chose se présente ». Mais la chance, encore que nous admettions qu'elle *est* bel et bien un puissant élément, n'est nécessaire qu'au milieu d'un grand nombre de facteurs déroutants. Si l'on a besoin de *chance* pour s'en sortir, il s'ensuit qu'on n'est plus au volant de sa propre voiture. On est, par conséquent, face à une confusion.

Une confusion peut se définir comme « tout ensemble de facteurs ou de circonstances qui ne semble pas avoir de solution immédiate ».

D'une manière plus générale :

UNE CONFUSION, DANS CET UNIVERS, EST FAITE DE MOUVEMENT AU HASARD.

Si vous vous trouviez au beau milieu d'une circulation dense, il est probable que tous les mouvements se produisant autour de vous vous rendraient perplexe. Si vous vous teniez au milieu d'un gros orage, feuilles et papiers tourbillonnant tout autour, il est probable que vous seriez dans la confusion.

Est-il possible de vraiment comprendre ce qu'est une confusion ? Existe-t-il une « structure de la confusion » ? Oui, certes.

Si, en tant que standardiste, vous receviez dix coups de téléphone en même temps, vous pourriez avoir l'esprit confus. Y a-t-il tout de même une façon de remédier à cette situation ?

Si, en tant que contremaître, vous aviez dans votre atelier en même temps trois urgences et un accident, vous pourriez avoir l'esprit confus. Y a-t-il tout de même une façon de remédier à cela ?

Une confusion ne demeure une confusion qu'aussi longtemps que *toutes* les particules sont en mouvement. Une confusion ne demeure une confusion qu'aussi longtemps qu'*aucun* facteur n'est clairement défini ou compris.

La confusion est la cause fondamentale de la stupidité. Toutes les choses, mises à part celles qui sont très simples, sont confuses pour celui qui est stupide. De ce fait, si l'on connaissait la structure de la confusion, quel que soit son niveau d'intelligence, on serait encore plus intelligent.

Cela vous paraîtra très clair si jamais vous avez été appelé à instruire une jeune personne pleine d'espoir qui n'était pas des plus brillantes. Vous tentez de lui expliquer le fonctionnement de ceci ou de cela. Vous le lui répétez à maintes reprises, puis vous la laissez faire et d'emblée elle bousille le tout. Elle « n'avait pas compris », elle « n'avait pas saisi ». Vous pouvez simplifier votre compréhension de ce qu'elle a mal compris en disant, à juste titre, « qu'elle était dans la confusion ».

Dans quatre-vingt-dix-neuf pour cent des cas où l'enseignement échoue, c'est parce que l'élève était dans la confusion. Cela non seulement dans le domaine du travail mais dans la vie en général. Lorsque l'échec survient, il est dû, d'une façon ou d'une autre, à de la confusion. Pour étudier des machines ou vivre sa vie, il faut soit pouvoir tenir tête à la confusion, soit pouvoir la démonter.

Nous avons, en Scientologie, un certain principe concernant la confusion qui s'appelle :

LE PRINCIPE DE LA DONNÉE STABLE.

Si vous voyiez tourbillonner dans une pièce un grand nombre de bouts de papier, ceux-ci auraient l'air d'une confusion jusqu'à ce que vous repériez *un* bout de papier qui deviendrait *le* bout de papier par rapport auquel tout le reste serait en mouvement. Autrement dit, on peut comprendre un mouvement confus en se représentant une chose comme immobile.

« Une confusion ne demeure une confusion qu'aussi
longtemps que toutes les particules sont en mouvement. »

Tout vous serait confusion dans le flot de la circulation à moins que vous vous représentiez *une* des voitures comme immobile par rapport aux autres voitures, et donc que vous voyiez les autres par rapport à celle-là.

La standardiste qui reçoit en même temps dix appels téléphoniques résout la confusion en désignant – correctement ou non – *un* des appels comme le premier auquel donner son attention. La confusion des dix appels simultanés s'atténue dès le moment qu'elle sélectionne un des appels comme celui auquel répondre.

Le contremaître, face à trois urgences et un accident dans son atelier, n'a qu'à décider du *premier* objectif sur lequel porter son attention pour commencer le cycle qui rétablira l'ordre.

Dans une confusion de particules, la confusion dure jusqu'à ce qu'on ait choisi *une* donnée, *un* facteur, *un* détail. *La* chose retenue et utilisée deviendra la *donnée stable* pour le reste.

Plus particulièrement et plus précisément, tout ensemble de connaissances est fondé sur *une donnée* ; c'est sa *donnée stable*. Infirmez-la et l'ensemble de connaissances se désagrège. Il n'est pas nécessaire qu'une donnée stable soit correcte. Il suffit qu'elle soit celle qui empêche les choses d'être dans la confusion et celle sur laquelle les autres s'alignent.

Donc, si la jeune personne pleine d'espoir n'a pas réussi à saisir vos instructions lorsque vous lui avez appris à se servir d'une machine, c'est parce qu'il lui manquait une donnée stable. Il aurait d'abord fallu qu'elle soit amenée à comprendre totalement *un fait*. Une fois ce fait saisi, elle aurait pu en saisir d'autres. Une personne est donc stupide ou perplexe dans toute situation prêtant à confusion jusqu'à ce qu'elle ait parfaitement saisi *un fait* ou *un élément*.

Les confusions, aussi énormes et impressionnantes qu'elles puissent paraître, se composent de données, de facteurs ou de particules. Elles sont formées de parties. Saisissez l'*une* de ces parties ou localisez-la parfaitement. Notez ensuite comment les autres parties fonctionnent par rapport à la première et vous aurez stabilisé la confusion. Puis en reliant d'*autres* choses à ce que vous avez déjà compris, vous viendrez bientôt à bout de la confusion tout entière.

Lorsque vous apprendrez à un jeune homme à faire marcher une machine, ne l'inondez pas d'un torrent de données pour relever ensuite toutes ses erreurs, cela le plongerait dans la confusion et le ferait réagir stupidement. Trouvez plutôt une ouverture à sa confusion, *une donnée*. Dites-lui : « C'est une machine. » Il se peut que toutes les instructions aient été auparavant jetées à la tête de quelqu'un n'ayant aucune certitude réelle, aucun ordre réel dans l'existence. Vous lui dites : « C'est une machine. » Puis faites en sorte qu'il en soit convaincu. Faites-la-lui tâter, palper, pousser. Dites-lui : « C'est une machine. » Vous serez étonné du temps que cela peut prendre, mais vous serez tout aussi étonné de voir augmenter sa certitude. De toutes les complexités qu'il doit apprendre pour se servir de la machine, il doit connaître tout d'abord *une donnée*. Peu importe *laquelle* il apprendra à fond la première, quoiqu'il vaille mieux lui enseigner une *donnée fondamentale simple*. Vous pouvez lui montrer ce que fait la machine, lui en expliquer le produit final, lui dire pourquoi c'est *lui* qui a été sélectionné pour la faire marcher. *Mais* il *faut* que vous lui fassiez bien comprendre une donnée de base, sinon il se perdra dans la confusion.

La confusion est l'*incertitude*. La confusion est la *stupidité*. La confusion est l'*insécurité*. En pensant à l'incertitude, à la stupidité et à l'insécurité, pensez à la confusion et vous y serez.

Qu'est-ce alors que la *certitude* ? C'est l'absence de confusion. Qu'est-ce alors que l'*intelligence* ? C'est la capacité de résoudre la confusion. Qu'est-ce alors que la *sécurité* ? C'est la capacité de traverser, de contourner ou de mettre en ordre la confusion. La certitude, l'intelligence et la sécurité équivalent à l'*absence de confusion* ou à l'*aptitude à résoudre* la confusion.

Quel est le rôle de la chance dans la confusion ? La chance est l'espérance qu'un hasard incontrôlé nous sortira de là. Compter sur la chance, c'est abandonner le contrôle. C'est donc sombrer dans l'apathie.

Il existe un « bon contrôle » et un « mauvais contrôle ». La différence entre les deux réside dans la *certitude* et l'*incertitude*. Le bon contrôle est certain, positif, prévisible. Le mauvais contrôle est incertain, variable et imprévisible. On peut être certain avec un bon contrôle. Avec un mauvais contrôle, on ne l'est jamais.

Le contremaître qui fait respecter un règlement aujourd'hui mais non demain, qui fait obéir Georges mais pas Jacques, exerce un mauvais contrôle. Quelles que soient les qualités personnelles de ce contremaître, il y aura dans son sillage de l'incertitude et de l'insécurité.

Puisqu'il peut y avoir tellement de contrôle peu assuré et stupide, certains d'entre nous se mettent à croire que tout contrôle est mauvais. Mais cela est bien loin d'être vrai. Le contrôle est nécessaire si l'on désire mettre de l'ordre dans les confusions. Pour faire quoi que ce soit, il faut qu'on puisse, au moins dans une certaine mesure, contrôler des choses, son corps et ses pensées.

On pourrait appeler une confusion un « désordre incontrôlé ». Seuls ceux qui peuvent exercer un contrôle sur ce désordre peuvent résoudre des confusions. Ceux qui ne peuvent pas exercer de contrôle engendrent en fait des confusions.

La différence entre le bon et le mauvais contrôle devient donc plus évidente. La différence entre bon et mauvais est, ici, une question de *degré*. Le contrôle complet et positif peut être prévu par les autres ; c'est donc un bon contrôle. Le contrôle non positif et chancelant ne peut pas être prévu. C'est donc un mauvais contrôle. L'intention a donc quelque chose à voir avec le contrôle. Le contrôle peut être employé à des fins constructives ou destructrices. Mais vous verrez que lorsque l'*intention* est d'arriver à des fins destructrices, c'est un mauvais contrôle qui est utilisé.

Aussi le sujet de la *confusion* est-il très vaste. Il peut vous paraître assez étrange que la confusion elle-même soit ici le point de mire. Mais vous découvrirez que c'est un excellent dénominateur commun à tout ce que nous considérons comme néfaste dans la vie. Et si une personne arrive à maîtriser des confusions, son attention s'en trouve libérée pour l'action *constructive*. Tant qu'elle est enchevêtrée dans des confusions, elle ne peut penser qu'à la *destruction* : ce qu'elle désire *avant tout*, c'est détruire la confusion.

Apprenons donc tout d'abord comment détruire des confusions. Et nous constatons que c'est assez simple à faire.

Lorsque *toutes* les particules semblent être en mouvement, arrêtez-en une pour voir comment les autres se meuvent par rapport à *elle*, vous trouverez alors qu'il y a déjà moins de confusion. Ayant adopté l'*une* d'entre elles comme *donnée stable*, vous parviendrez à en aligner d'autres. De cette manière, on peut voir et comprendre une urgence, une machine, un emploi ou la vie elle-même, et on peut être libre.

Jetons un coup d'œil sur la façon dont cela fonctionne. Au cours du premier chapitre, nous avons dressé la liste d'un certain nombre d'éléments qui risquent d'influer sur le fait d'obtenir, de conserver et d'améliorer un travail. On peut traiter le problème dans son ensemble, comme le font les gens le plus souvent, en introduisant dans ce problème la seule et unique donnée : « Je peux trouver et conserver un emploi. » En se raccrochant à cela comme seule croyance, on est moins perplexe et moins touché par les confusions et les insécurités de la vie.

Mais supposons qu'une personne, sans plus approfondir le problème, ait dit toute jeune en grinçant des dents et en fermant les yeux : « Je peux trouver et conserver un emploi, quoi qu'il arrive. Je ne vais donc plus m'en faire au sujet des facteurs économiques de la vie. » À la bonne heure !

Plus tard, la personne est renvoyée sans préavis et passe deux mois et demi au chômage. Même après avoir retrouvé un emploi, elle se sent moins confiante et moins en sécurité qu'auparavant. Mettons en plus qu'un accident se produise et que la personne se retrouve à nouveau sans travail. Au chômage pour la seconde fois, elle est encore moins confiante et moins assurée. Quelle en est la raison ?

Examinons le revers de ce principe de la donnée stable. Nous y apprenons que les confusions sont neutralisées par les données stables et que, lorsqu'une donnée stable est ébranlée, la confusion réapparaît.

Imaginons une confusion arrêtée. Elle est encore désordonnée, mais elle est arrêtée. Qu'est-ce qui l'a arrêtée ? L'adoption d'une donnée stable. Mettons qu'une personne ait eu à la maison de graves ennuis avec sa belle-mère. Un beau jour, à la suite d'une querelle, la personne est sortie furieuse de la pièce en se disant, comme par inspiration : « Toutes les belles-mères sont maléfiques. »

Il s'agissait là d'une décision. C'était, à tort ou à raison, la donnée stable adoptée dans la confusion. Aussitôt la personne s'est sentie mieux. Elle pouvait désormais s'occuper du problème ou vivre avec. Elle savait que « toutes les belles-mères sont maléfiques ». Ce n'était pas vrai, mais ce n'en était pas moins une donnée stable.

Puis un jour, alors que la personne était en difficulté, sa belle-mère est arrivée fidèlement à la rescousse pour payer le loyer et acquitter l'autre dette en même temps. Du coup, la personne est tombée dans une grande confusion. Un tel geste de bonté n'aurait pourtant pas dû être source de confusion. La belle-mère, après tout, n'avait-elle pas résolu le problème ? Comment se fait-il que la personne en soit perturbée ? *C'est parce que la donnée stable a été ébranlée.* Toute la confusion du problème passé s'est remise en branle parce que la fausseté de la donnée stable a été démontrée.

Pour plonger quelqu'un dans la confusion, il suffit de localiser ses données stables et de les infirmer. Par des critiques ou preuves à l'appui, on n'a qu'à ébranler ces quelques données stables pour remettre en branle toutes les confusions de la personne.

Les données stables, voyez-vous, n'ont pas besoin d'être *vraies*. Elles sont simplement *adoptées*. Une fois qu'on les a adoptées, on examine d'autres données par rapport à elles. De ce fait, l'adoption de *n'importe quelle* donnée stable tendra à annuler la confusion en question. *Mais* si jamais cette donnée stable là est ébranlée, infirmée ou réfutée, on se trouve à nouveau en présence de la confusion. Bien entendu, tout ce qu'il faudra faire alors, c'est adopter une nouvelle donnée stable ou remettre l'ancienne en place. Mais il faudrait connaître la Scientologie pour y arriver sans à-coup.

Prenons l'exemple d'une personne qui ne craint rien pour l'économie nationale grâce à un homme d'État héroïque qui fait de son mieux. Cet homme est la donnée stable pour toutes les confusions de la personne en matière d'économie nationale. Elle ne se fait donc « pas de soucis ». Mais le cours des événements ou ses ennemis politiques parviennent un jour à ébranler cet homme en tant que donnée, en « prouvant » qu'au fond il était malhonnête. Les soucis de la personne à propos de l'économie nationale rejaillissent alors.

Vous aviez peut-être épousé une philosophie parce que le conférencier paraissait si agréable. Plus tard quelqu'un vous apporte la preuve que ce conférencier était en vérité un voleur ou pire. Vous aviez adopté cette philosophie à un moment où vous aviez besoin de répit dans vos pensées. Le fait que le conférencier soit discrédité ranimera immédiatement la confusion devant laquelle vous vous trouviez à l'origine.

Nous avons donc observé la confusion qui régnait dans le travail quotidien quand nous étions jeunes, nous l'avons tenue à distance en déclarant avec gravité : « Je peux trouver et conserver un emploi. » C'était la donnée stable. Nous avons en effet obtenu un emploi ; mais on nous a renvoyés. La confusion régnant dans le travail quotidien s'est mise alors à grandement nous affecter. Si nous n'avons pour toute réponse aux divers problèmes exposés dans le premier chapitre que la seule et unique donnée stable : « Je peux trouver et conserver un emploi », nous allons assurément traverser quelques périodes confuses au cours de notre vie active. Bien meilleure serait la donnée stable suivante : « Je comprends ce que sont la vie et les emplois. Je peux, par conséquent, les obtenir, les conserver et les améliorer. »

Voilà où nous allons dans ce livre.

CHAPITRE TROIS

LE TRAVAIL EST-IL NÉCESSAIRE ?

LE TRAVAIL EST-IL NÉCESSAIRE ?

IL FAUT COMPRENDRE LA VIE POUR la vivre. Sinon la vie devient un piège. Pour beaucoup d'entre nous, dans la routine quotidienne, ce piège revêt la forme du TRAVAIL.

Si seulement nous n'avions pas à travailler, que de choses délicieuses nous pourrions faire ! Si seulement nous avions un autre moyen de nous procurer de l'argent... voyages, vacances, nouveaux vêtements... que de choses nous aurions si seulement nous n'avions pas à travailler !

Le thème selon lequel les contraintes du travail se trouvent à la racine de notre malheur constitue presque un facteur d'éducation dans notre société. Les arguments des syndicats et de l'État providence tout comme les plaidoiries des individus que nous entendons se fondent sur l'idée de la réduction du travail. La suppression du travail par la diminution des horaires et par la mécanisation est devenue le slogan du milieu du vingtième siècle.

Pourtant, rien ne serait plus décourageant pour la plupart d'entre nous que de perdre toute perspective d'emploi. Se voir refuser le droit au travail, c'est se voir refuser toute participation à la société dans laquelle nous vivons.

Ni le fils de riche ni la douairière fortunée ne travaillent, et ni l'un ni l'autre ne sont sains d'esprit. Pour déceler les névroses et la déraison dans notre société, nous n'avons qu'à regarder ceux qui ne travaillent pas ou qui ne sont pas capables de travailler.

Nous découvrons toujours dans le passé d'un criminel une « incapacité de travailler ». D'une façon ou d'une autre, le droit au travail semble intimement lié au bonheur et à la joie de vivre. Et on pourrait démontrer que l'interdiction de travailler est intimement liée à la folie et à la démence.

À mesure que notre société s'automatise, le pourcentage de malades mentaux dans la population augmente. Les lois qui régissent le travail des enfants, les ordonnances contre les heures supplémentaires, l'exigence de beaucoup de documents, de compétences et de conditions requises, se conjuguent toutes pour réduire le travail que pourrait faire un individu.

Avez-vous jamais vu un homme à la retraite qui se languit de son bureau ? De nos jours, « la doctrine de la réduction du travail » nous apprend à penser que nous devrions cesser de travailler à tel ou tel âge. Pourquoi cette doctrine jouit-elle d'une telle vogue, alors que nous voyons bien que dans la plupart des cas, cesser de travailler signifie cesser de vivre ?

En termes politiques, sur le plan de la santé mentale, l'Homme a plus besoin du *droit au travail* que d'un nombre infini de libertés factices. Et pourtant nous prenons soin de décourager, chez nos enfants comme dans notre société, ceux qui *créent* du travail. À moins qu'on en crée, il n'y aura pas de travail à faire. Le travail ne surgit pas de lui-même, prêt à être fait. C'est quelque chose que l'on crée. Il faut créer et mettre en œuvre de nouvelles inventions, de nouveaux marchés, de nouveaux réseaux de distribution quand les temps changent et que les vieilles méthodes, les vieux marchés, les vieux réseaux deviennent inadéquats et périmés. Il a bien fallu que quelqu'un crée les diverses tâches que nous faisons. Quand nous travaillons, nous effectuons des tâches créées par nous-mêmes ou par autrui.

Il ne suffit pas de se laisser porter par le travail. Il *nous* faut créer ce travail, jour après jour, quel qu'en soit le premier créateur.

Travailler, c'est participer aux activités de notre société. Se voir refuser un rôle dans les activités de la société, c'est en être banni.

La distinction entre le « travail » et le « loisir » est une invention. On s'est représenté le loisir comme quelque chose d'intéressant alors que le travail serait ardu et nécessaire, par conséquent, inintéressant. Cependant, quand nous partons en vacances pour nos « loisirs », nous sommes d'ordinaire très contents, en rentrant, de retrouver le « petit train-train journalier ». Les loisirs n'ont pour ainsi dire pas de but, alors que le travail en a un.

En vérité, seul le refus constant de la société de nous donner du travail nous conduit à prendre le travail en aversion quand cette aversion existe. L'homme incapable de travailler s'est déjà vu interdire le droit de travailler. On découvre, en étudiant le passé des criminels dont l'incapacité de travailler est notoire, qu'ils ont d'abord et surtout été convaincus qu'ils ne devaient pas travailler ; leur père, leur mère, l'école ou leur première jeunesse leur a interdit de travailler. L'idée qu'ils ne devaient pas travailler faisait partie de leur éducation. Que leur restait-il à faire ? Se venger de la société qui leur refusait de participer à ses activités.

Redéfinissons donc travail et loisir. On devrait appeler les loisirs « un travail sans but ». On pourrait également les appeler « une activité sans but ». Le travail se définirait donc comme « une activité avec un but ».

Les reproches que nous faisons au travail viennent de notre crainte qu'on ne nous laisse pas continuer à travailler.

Il n'y a rien de mal à automatiser, à installer toutes ces machines pour faire notre travail, pourvu que les autorités constituées n'oublient pas de nous créer du *travail supplémentaire*. L'automatisation pourrait s'avérer une bénédiction pour tout le monde, *pourvu* que l'on crée autant de nouvelles places que les machines en suppriment. Nous aurions *alors* de la production ! Et si les autorités constituées n'étaient pas aussi maladroites en économie élémentaire, si elles créaient assez d'argent pour que nous puissions acheter tous les nouveaux produits, il y *aurait* une véritable prospérité. Ce n'est donc pas l'automatisation qui est en tort. Si l'automatisation met les gens au chômage, c'est qu'on n'a pas permis à *quelqu'un* d'inventer de nouveaux emplois pour nous.

Bien entendu, si les restrictions réduisaient à rien toutes les nouvelles affaires, si chaque homme désireux d'inventer du travail se voyait interdire d'agir ainsi, alors et *seulement* dans ce cas, les machines automatisées pourraient nous conduire à la ruine.

N'en déplaise à la publicité qui nous vante les joies des vacances et des distractions sans fin, de tels divertissements n'ont jamais été pour l'Homme autre chose qu'une malédiction. L'allusion la plus ancienne qui en ait été faite se trouve chez Homère avec le pays du Lotus. Et cet équipage-là s'est désintégré !

Non, indéniablement le travail et l'emploi dépassent le simple besoin de gagner sa vie. Bien sûr, certains emplois éveillent plus d'intérêt que d'autres. Bien sûr, certaines places sont mieux rémunérées que d'autres. Mais lorsqu'on met en contraste le droit d'avoir une place à *aucun* droit d'en avoir une, on finit par choisir jusqu'aux tâches les moins intéressantes et les moins bien payées.

Saviez-vous qu'on peut guérir un dément rien qu'en parvenant à le convaincre qu'il a un but dans la vie ? Cela peut effectivement se faire. Peu importe que ce but soit mince ou artificiel, il peut servir à ramener les déments à la raison. Le cas qui vient à l'esprit est celui d'une jeune fille folle pour qui l'on ne pouvait plus rien. L'essentiel dans son cas était précisément qu'on ne pouvait rien *pour elle*. Mais un soir un accident de voiture a eu lieu près de l'asile et un médecin exténué, la voyant tout proche, lui a ordonné de faire certaines choses pour les victimes. Elle s'est remise, est devenue infirmière et est restée saine d'esprit depuis.

Personne ne prétend que tous ceux qui ne travaillent pas sont fous. Mais il est quand même étonnant que nous ayons tendance à glisser dans cette direction dès qu'on nous *interdit* de travailler.

Les grandes révolutions naissent de l'incapacité des masses de travailler. Les foules se rebellent, non parce qu'elles sont exaspérées par les « privilèges », comme elles ont coutume de le dire, mais parce que, faute de travail, elles perdent la raison. En vérité, les révolutions ne peuvent pas avoir lieu quand les gens sont tous au travail.

Peu importe qu'ils travaillent dur ou non. Les révolutions ont lieu lorsqu'on a trop souvent interdit aux gens de travailler. Dans un accès de folie, ils se soulèvent et l'État s'écroule souvent en ruines. *Aucune révolution n'a jamais rien gagné.* La vie évolue vers une condition meilleure grâce au travail acharné et non à coup de menaces.

Si les machines automatisées réduisaient assez de monde au chômage, même si elles produisaient en abondance, il y aurait une révolution. Pourquoi ? Parce qu'en dépouillant les gens de travail, on leur vole un but dans la vie. Quand celui-ci disparaît, tout s'en va.

Peu importe que le but soit bon ou mauvais, tant qu'il existe. *Pourquoi ?*

Ne pensez pas que nous nous soyons beaucoup éloignés du chapitre précédent, car ce n'est pas le cas. Il s'agit ici d'une compréhension de la vie. La vie a certaines données stables qui *sont* bel et bien les données stables du fait de vivre. Une fois celles-ci saisies, la vie – et cette partie de la vie qu'est le travail – peut être comprise.

La vie est fondamentalement une chose *créée*. Mais elle comporte beaucoup d'éléments qui sont en train de créer contre beaucoup d'autres éléments. Une confusion surgit lorsque deux choses ou plus se mettent à créer l'une contre l'autre. Vue impartialement, la vie peut donc avoir l'air d'une confusion.

Si l'on se trouvait, sans aucun but, au beau milieu de toute cette vie, de toute cette création, de toutes ces luttes, on verrait que toute une existence de ce genre serait fatale. Faire partie d'un univers, d'une civilisation, sans pourtant avoir de but, c'est emprunter le chemin qui mène à la folie.

L'énergie dépensée, l'exercice fait, le temps passé, les actions accomplies sont tous de moindre importance. Le simple fait d'avoir *quelque chose à faire* ainsi qu'une *raison de le faire* exerce un contrôle sur la vie elle-même. Si vous n'avez pas de but, vous n'avez aucune prise sur la première petite particule nécessaire pour rendre l'ensemble compréhensible. La vie peut ainsi devenir un fardeau atroce.

« Si l'on se trouvait, sans aucun but, au beau milieu de toute
cette vie, de toute cette création, de toutes ces luttes, on
verrait que toute une existence de ce genre serait fatale.
Faire partie d'un univers, d'une civilisation, sans pourtant
avoir de but, c'est emprunter le chemin qui mène à la folie. »

Pendant les années trente, aux États-Unis tout comme dans d'autres pays, il y a eu ce que l'on a appelé la dépression. C'était le résultat d'un manque de compréhension des sciences économiques pendant une période de transition à l'ère de la machine. À cette époque, un grand président s'est aperçu que son peuple était privé de travail et il en a créé. Il pensait le faire pour mettre de l'argent en circulation afin d'acheter tous les articles que le pays pouvait désormais fabriquer. De ce fait, il n'a pas vraiment délivré du désespoir la plupart de ses compatriotes, car le travail qu'il leur proposait devait être bâclé. On n'exigeait d'eux que les heures qu'ils consacraient à la tâche. Le président avait une merveilleuse occasion de faire du pays une fort belle chose. Mais le travail donné n'avait aucun but.

Les hommes qui détestent tel ou tel travail le détestent parce qu'ils ne voient pas à quoi il aboutit ou parce qu'ils croient ne rien faire d'important. Ils « bossent ». Entendons par là qu'ils se présentent au boulot, font machinalement les gestes du travail et touchent leur paie. Mais ils ne se sentent pas vraiment concernés par ce qui se passe. Ils n'ont pas le sentiment d'avoir à y gagner quelque chose.

Dans notre civilisation, le *travail* est la *donnée stable* face à la confusion de l'existence. Et le *but* est la *donnée stable* du travail. Même si ce but ne consiste qu'à « toucher sa paie », ce n'en est pas moins un but.

Chacun de nous pourrait sans doute faire des choses plus importantes que ce qu'il fait actuellement. Chacun de nous aimerait bien quelques changements dans ses tâches. Mais aucun de nous ne pourrait se passer d'avoir quelque chose à faire, tout en restant en vie et en bonne santé mentale.

Quand une situation nous intimide, c'est qu'on a déprécié nos *buts*, nos *données stables*.

Comme nous l'avons déjà montré, il est extrêmement facile de jeter quelqu'un dans la confusion. Il suffit de localiser sa donnée stable dans un domaine et de l'ébranler. C'est une ruse dont nous nous servons tous.

On discute, par exemple, de politique économique avec un ami. On n'est pas d'accord avec lui. On lui demande où il a trouvé telle idée. Quand il réplique qu'Untel l'a écrit dans telle ou telle publication, on attaque alors l'auteur ou le journal pour le discréditer. Autrement dit, on remporte le débat en ébranlant sa donnée stable dans la mesure où on est parvenu à la découvrir.

La vie est une compétition. Beaucoup d'entre nous oublient que nous faisons partie d'une équipe qui s'appelle l'Homme, aux prises avec on ne sait quoi, dans une lutte pour la *survie*. Quand nous combattons l'Homme, nous combattons nos amis. Au travail, il semble très naturel de rencontrer, ici et là dans l'organisation, des personnes si peu sûres de leurs propres tâches qu'elles cherchent à semer l'insécurité autour d'elles.

S'étant trop abreuvée de confusions et disposant de trop peu de données stables, une personne risque de se mettre à « dramatiser » cette confusion, à la répandre et à essayer sciemment d'y plonger toute chose et tout le monde. Une des cibles préférées des personnes de cette espèce est la donnée stable qu'est le travail. Bien que ces personnes ne soient d'ordinaire même pas capables de faire leur *propre* travail, elles s'empressent de dégoûter les autres du *leur*. Elles « abattent la concurrence » en taillant en pièces les données stables d'autrui.

Prenez garde aux gens qui viennent s'enquérir « avec compassion » de votre santé parce que vous avez l'air « surmené ». Il est presque plus aisé d'être « sur-oisif » que surmené. Prenez garde aux gens qui veulent vous faire signer une pétition pour la réduction de la durée du travail. Le produit final en sera la disparition du travail. Prenez garde aussi au type qui passe son temps à « carotter » l'entreprise parce qu'elle « peut payer ». N'oubliez pas que cette entreprise est en partie la vôtre, même si vous êtes licencié demain. Ces gens-là tentent de vous couper l'herbe sous les pieds en minant la donnée stable qu'est le travail.

Si vous craignez de perdre votre travail, c'est que vous souffrez déjà de bien trop d'interdictions de travailler. Le seul moyen de garder un emploi est de le construire tous les jours, de le créer et d'en entretenir la création. Si vous n'avez aucune envie de créer et de faire continuer ce travail, il doit y avoir une *opposition* de *buts.* Il y a conflit entre ce que vous pensez être un bon but et le but que votre travail a en fait.

Les emplois de fonctionnaires offrent un exemple intéressant, car bien souvent personne ne semble vraiment se soucier de ce que l'emploi ait ou non un but. Trop souvent, on devient fonctionnaire simplement pour « être fonctionnaire ». Dans ce cas, en particulier, on a intérêt à comprendre la vie et le travail parce qu'il faut *constamment* créer un emploi dans une administration pour qu'il continue d'exister. Si l'emploi ne paraît pas avoir de but, on doit examiner l'État afin de déterminer le but *de celui-ci,* car le but de l'État dans son ensemble serait en partie le but du poste occupé, aussi peu important soit-il.

Celui qui répugne au travail doit avoir au fond de lui le sentiment qu'on ne lui permet pas réellement de travailler. Aussi le travail n'est-il pas une donnée stable dans sa vie. En outre, il doit avoir des buts opposés aux buts de son travail. D'ordinaire, d'ailleurs, il fréquente dans son travail des personnes qui s'évertuent à rendre le travail rebutant. Il inspire cependant de la pitié parce qu'il est malheureux. Et il est malheureux parce qu'il est dans la confusion. Pourquoi cette confusion ? Parce qu'il n'a aucune donnée stable pour vivre sa *vie.*

Une donnée stable pour la vie est le fondement d'une vie réussie et d'une bonne orientation professionnelle.

CHAPITRE QUATRE

LE SECRET DE
L'EFFICACITÉ

LE SECRET DE L'EFFICACITÉ

QU'EST-CE QUE LE CONTRÔLE ?

Que l'on se serve d'un mécanisme grand comme une voiture, ou plus petit comme une machine à écrire, ou même comme le stylo d'un comptable, on est confronté aux problèmes du contrôle. Un objet qu'on ne peut pas contrôler n'est d'aucune utilité pour quiconque. Tout comme le danseur qui doit pouvoir contrôler son corps, le travailleur au bureau ou à l'usine doit être capable de contrôler son corps, son matériel de travail et dans une certaine mesure ce qui l'entoure.

La différence principale entre le « travailleur » au bureau ou à l'usine d'une part et le « cadre » d'autre part, est que ce dernier contrôle les esprits, les corps et la mise en place de communications, de matières premières et de produits, alors que le travailleur contrôle principalement des outils à sa portée immédiate. Cependant, les gens qui sont soucieux d'inciter les travailleurs à prendre des mesures qui ne sont pas forcément dans leur intérêt, et les cadres qui de leur côté sont anxieux de tout contrôler, oublient bien trop facilement que le travailleur qui ne contrôle pas son matériel de travail – et qui n'est lui-même qu'un « agent contrôlé » – est quasiment inutile à l'usine. Tant au niveau de la direction qu'à la base, chacun doit pouvoir contrôler son environnement immédiat.

La différence la plus apparente entre un cadre et un travailleur est que le cadre contrôle un environnement plus vaste que le travailleur. Le cadre doit donc être dans cette mesure plus capable que le travailleur, sinon l'usine ou l'entreprise est condamnée à des difficultés, voire à l'échec.

Qu'est-ce qu'un bon travailleur ? C'est celui qui peut contrôler d'une façon certaine son matériel ou ses outils de métier ou qui peut contrôler les lignes de communication auxquelles il est étroitement lié.

Qu'est-ce qu'un mauvais travailleur ? C'est celui qui n'est capable de contrôler ni le matériel qu'il est censé contrôler, ni les lignes de communication dont il est censé s'occuper.

Ceux qui désirent contrôler les autres et qui toutefois ne désirent pas que d'autres personnes contrôlent quoi que ce soit nous mettent dans l'embarras en présentant une idée erronée : celle que le « mauvais contrôle » puisse exister. Le contrôle est bien fait ou il n'est pas fait du tout. Quand une personne contrôle une chose, elle la contrôle. Si elle la contrôle mal, elle ne la contrôle pas. Une machine que l'on fait bien marcher est contrôlée. Celle que l'on ne fait pas bien marcher n'est pas contrôlée.

Nous voyons donc que le mauvais contrôle est en fait un « non-contrôle ».

Ceux qui cherchent à vous convaincre que le contrôle est mauvais voudraient vous dire qu'il est bon d'avoir des accidents de voiture et des accidents de travail.

Une *tentative* de contrôle à des fins mauvaises ou cachées est nuisible. Mais elle renferme également cet ingrédient qu'est l'ignorance. La personne qui *tente* de contrôler en fait ne contrôle pas. Elle ne fait tout simplement que chercher à contrôler et ses efforts sont, dans l'ensemble, indéterminés et incertains – caractéristiques que le contrôle n'admet pas. Une fois que l'ignorance est introduite dans le contrôle, celui-ci risque de devenir antipathique. Mais le contrôle n'est de fait pas établi.

Si jamais vous avez manœuvré votre voiture en douce, vous comprendrez ce que cela veut dire. Si vous maniiez le volant de telle façon que la voiture « ignorait » dans quelle direction elle était censée se diriger, vous seriez vite entraîné dans des difficultés. Il faut manier le volant d'une voiture de telle façon qu'elle tourne quand il y a un virage et qu'elle roule tout droit quand il n'y en a pas. Il n'y a rien de dissimulé dans votre intention de conduire une voiture et il n'y a rien d'inconnu dans la réaction de la voiture. Lorsqu'une voiture cesse de répondre à votre maniement du volant, le contrôle a cessé d'être.

Autrement dit, ou bien on contrôle une chose ou bien on ne la contrôle pas. S'il n'y a pas de contrôle, le mot est utilisé de façon abusive. On a introduit l'idée que le « mauvais contrôle » peut exister.

Les gens qui ont été « mal contrôlés » (c'est-à-dire qui ont été tout bonnement bousculés et non pas contrôlés), commencent à penser que le contrôle contient un élément néfaste. Mais ils ne sont pas réellement en mesure de savoir ce qu'est le contrôle puisqu'ils n'ont pas été effectivement contrôlés.

Pour mieux comprendre cette notion, il faudrait connaître un des principes de base de la Scientologie :

LA STRUCTURE DU CONTRÔLE.

Ce principe consiste en partie à subdiviser le contrôle en trois parties distinctes qui sont :

COMMENCER, CHANGER et ARRÊTER.

« Commencer, changer et arrêter » constitue également un :

CYCLE D'ACTION.

Le cycle d'action peut être observé dans le mouvement d'une simple roue. La roue démarre, un point donné de la roue change de position et la roue s'arrête. Peu importe que la roue tourne longtemps ou non, elle n'en suit pas moins ce cycle d'action.

Un homme avance sur une petite distance : il met en route son corps, en change la position et l'arrête. En agissant ainsi, il termine un cycle d'action.

À plus longue échéance, une entreprise commence, continue, puis un jour, tôt ou tard, cesse d'exister.

Le changement, c'est le « changement de position dans l'espace ou le changement d'existence dans le temps ». La mise en route, c'est tout simplement « commencer ». Et l'arrêt, c'est tout simplement « arrêter ». Les choses peuvent commencer lentement ou rapidement. Les choses peuvent s'arrêter lentement ou rapidement. Les choses peuvent changer très rapidement en cours de route. Le rythme de mise en route, de changement et d'arrêt a donc très peu à voir avec le fait qu'un cycle d'action consiste à commencer, changer et arrêter.

Les Anciens se représentaient ce cycle d'action d'une manière beaucoup plus détaillée. Dans les hymnes védiques, on parle du cycle d'action en ces termes : d'abord il y a le chaos ; puis du chaos surgit quelque chose (on pourrait dire que cette chose est née) ; cela grandit, persiste, dépérit et meurt, et il s'ensuit le chaos. Cette représentation, quoiqu'au fond imprécise, constitue le plus vieil exemple d'un cycle d'action.

Un exemple moderne d'un cycle d'action en Scientologie est plus simplement exprimé et beaucoup plus précis. Un cycle d'action consiste à commencer, changer et arrêter. Cela suit en parallèle un autre cycle d'action, celui de la vie elle-même. Le cycle d'action de la *vie* est :

CRÉATION, SURVIE et DESTRUCTION.

On pourrait définir la survie comme tout changement de dimension, d'âge ou de position dans l'espace. Le changement est l'essence de la survie. La création est, bien sûr, le commencement. La destruction est évidemment l'arrêt.

Ainsi avons-nous en Scientologie deux cycles d'action très utiles : le premier étant commencer, changer et arrêter, et le second, plus détaillé, étant créer, survivre, détruire.

Commencer

Création

Changer

Survie

Arrêter

Destruction

*« Un cycle d'action consiste à commencer, changer et arrêter.
Cela suit en parallèle un autre cycle d'action,
celui de la vie elle-même. Le cycle d'action de la vie est :
Création, Survie et Destruction. »*

« Commencer, changer et arrêter » implique la condition d'un être ou d'un objet.

« Créer, survivre, détruire » implique les intentions de la vie à l'égard d'objets.

Le contrôle consiste uniquement à commencer, à changer et à arrêter. Il n'y a pas d'autres facteurs dans le contrôle positif.

Si une personne sait faire commencer quelque chose, changer sa position dans l'espace ou son existence dans le temps, et l'arrêter – le tout à volonté – on peut dire qu'elle contrôle cette chose, quelle qu'elle soit. Si, par contre, elle peut à peine faire commencer une chose, si elle ne peut continuer qu'avec difficulté à en changer la position dans l'espace ou l'existence dans le temps et si elle ne peut l'arrêter que de façon incertaine, on ne pourrait pas dire qu'elle exerce un bon contrôle. Pour notre propos, on pourrait même ajouter que son contrôle en est faible ou dangereux. Si la personne ne peut pas faire commencer une chose, si elle ne peut pas en changer la position dans l'espace, si elle ne peut pas l'arrêter, elle ne contrôle sûrement pas la chose en question. Si elle essaie de commencer, changer et arrêter quelque chose ou quelqu'un sans y parvenir de façon positive, c'est qu'elle a introduit de l'ignorance dans l'activité et le résultat en sera pour le moins douteux.

Le « bon contrôle » existe donc véritablement. Le bon contrôle se compose de savoir et de certitude. On pourrait dire d'une jeune fille qui peut mettre en route une machine à écrire, en faire continuer le mouvement, puis l'arrêter, qu'elle contrôle la machine à écrire. Si elle rencontrait des difficultés à la mettre en route, à la maintenir en marche et à l'arrêter, elle n'exercerait pas seulement un « mauvais contrôle » sur la machine, elle serait aussi une bien médiocre dactylo.

Qui dit mauvais contrôle dit aussi incompétence, accidents, difficultés, inobservance des règles, inefficacité et, pour tout dire, beaucoup de détresse et de malheurs. Vu notre définition du mauvais contrôle comme étant du « non-contrôle » ou « une tentative inconsciente de contrôle sans réellement effectuer de contrôle », nous pourrions dire que l'incertitude engendre bien des difficultés.

Pour mieux comprendre la portée de cette notion dans la vie, imaginez-vous en train de vous déplacer dans une pièce sous les ordres de quelqu'un. Cette personne vous dirait d'aller jusqu'à la table, puis de marcher jusqu'à la chaise, puis jusqu'à la porte. Chaque fois qu'elle vous dirait d'aller quelque part, vous auriez bien évidemment à vous mettre en route, à changer la position de votre corps et à vous arrêter. Aussi étrange que cela puisse paraître, cela ne vous dérangerait pas si vous saviez que quelqu'un était en train de vous dire d'agir ainsi, si vous étiez capable d'effectuer le mouvement et si vous ne receviez pas d'ordres venant vous interrompre avant que vous ayez pu obéir complètement au commandement que vous exécutiez.

Mais admettons, par exemple, que la personne vous dise de marcher jusqu'à la table, qu'avant que vous ayez atteint cette table, elle vous dise d'aller jusqu'à une chaise, qu'avant que vous arriviez à la chaise, elle vous dise d'aller à la porte, prétendant alors que vous aviez tort de ne pas être allé jusqu'à la table. Vous seriez alors dans la confusion. Et ce serait un mauvais contrôle dans la mesure où vous n'auriez pas pu terminer un seul cycle d'action avant que le suivant ne soit exigé de vous. C'est ainsi que vos cycles d'action s'embrouillent et que la confusion s'ensuit. Et pourtant cette situation ne constituerait pas au fond un contrôle, puisque le contrôle implique nécessairement une certitude compréhensible ou délibérée. Le bon contrôle voudrait que l'ordre ne soit pas modifié avant que vous ayez pu atteindre la table. Il vous permettrait également d'arriver à la table avant qu'on vous demande de repartir en direction de la chaise et vous permettrait d'atteindre la chaise avant qu'on vous demande de repartir en direction de la porte. Dans ce cas, vous ne seriez pas troublé par le contrôle positif. Par contre, vous seriez très certainement contrarié par une série discontinue d'ordres qui vous mettrait dans l'impossibilité d'achever un cycle d'action.

Enfin, pour vous donner une idée de l'influence que cela peut avoir sur une vie, une simple question : de qui préféreriez-vous recevoir des ordres similaires à ceux de l'exemple ci-dessus, de votre père ou de votre mère ? Il est certain que vous avez eu le plus de difficultés avec celui des deux que vous n'avez *pas* choisi pour vous donner ces ordres.

Le contrôle est si loin d'être mauvais qu'une personne saine d'esprit et en très bon état n'est pas hostile au bon contrôle positif et est elle-même capable d'exercer un bon contrôle positif sur les gens et les objets. Une personne qui n'est pas en très bon état est hostile même aux directives les plus banales et n'est pas vraiment capable de contrôler les gens ou les objets. Elle est d'ailleurs inefficace et rencontre de nombreuses difficultés au travail et dans la vie.

Lorsqu'une personne ne peut pas contrôler les choses ou qu'elle se refuse à ce que les choses la contrôlent, elle s'empêtre dans des difficultés tant avec les objets qu'avec les gens. Il est également évident que les personnes ayant des difficultés de contrôle tombent plus facilement malades et connaissent d'autres déboires.

Il arrive souvent que lorsqu'une personne s'avère incapable de contrôler une machine, la machine se retourne contre la personne pour commencer à *la* contrôler. Un conducteur, par exemple, qui ne peut pas exercer de contrôle positif sur sa voiture court le risque d'être à la longue dirigé par cette voiture. À la place du conducteur qui conduit sa voiture, on voit une voiture qui promène un « conducteur » dans la rue. La voiture, qui n'est pas très experte en matière de contrôle, finit tôt ou tard par envoyer son conducteur dans le décor.

Même les défaillances mécaniques sont imputables à un manque de contrôle. On découvrira que l'individu qui ne peut pas contrôler facilement une machine aura vraisemblablement de considérables difficultés avec cette machine. La machine elle-même en pâtit parfois de façon quasi inexplicable. Il y a des moteurs qui tournent bien en présence de certains hommes et ne fonctionnent pas avec d'autres. Telle machine marchera bien pendant des années dans les mains de tel mécanicien, mais lorsque celui-ci la quittera pour être remplacé par un autre moins habile, la machine tombera en panne et sera source de difficultés inaperçues jusqu'alors. Ce serait sans doute exagérer que d'en conclure qu'il suffit qu'une personne incapable de contrôler les choses regarde une machine pour que celle-ci tombe en panne. Pourtant on a connu des cas de ce genre.

L'élément en question ici est plus facile à comprendre dans un service de comptabilité, par exemple. La personne qui ne peut pas contrôler des chiffres va, tôt ou tard, compliquer et embrouiller les registres qu'elle tient, tant et si bien que même un comptable spécialisé ne parviendra pas à les démêler.

« Commencer, changer et arrêter » est le cycle d'action de cet univers. Cela constitue également la structure du contrôle. Presque tout le thème du contrôle peut se résumer dans l'aptitude à commencer, changer et arrêter ses activités, son corps et son environnement.

Une « habitude » est tout simplement une chose qu'on ne peut pas arrêter. C'est un exemple d'*absence* totale de contrôle, l'étape qui suit le moment ultime où l'on a *perdu* tout contrôle. Le contrôle commence à diminuer lorsqu'on est capable de changer les choses et de les arrêter, mais sans plus pouvoir les *mettre en route*. Une personne dans ce cas peut changer et arrêter une chose une fois que celle-ci est mise en route. Une nouvelle diminution du contrôle, si l'on peut encore l'appeler ainsi, viendrait avec la perte de la capacité de *changer* quelque chose ou de laisser continuer son existence dans le temps. La personne ne garderait alors que la capacité d'*arrêter* les choses. Finalement, quand la personne a perdu l'aptitude à arrêter quelque chose, cette chose est dans une certaine mesure devenue son maître.

Dans l'élément *arrêter*, de commencer, changer et arrêter, on discerne essentiellement la donnée stable dans son intégralité. Par le simple arrêt d'une seule particule ou d'une seule donnée dans la confusion des particules ou des données, on introduit un début de contrôle de cette confusion.

Dans l'exemple de la foule d'appels téléphoniques arrivant simultanément au standard, chaque appel exigeant avec insistance l'attention de la standardiste, celle-ci fait valoir son contrôle du standard en mettant fin à une seule demande, peu importe laquelle. Le fait de s'occuper d'un seul appel lui permet alors d'en traiter un autre et ainsi de suite, jusqu'à ce que l'état du standard soit passé de la confusion totale à une situation réglée.

Une personne se sent perplexe lorsqu'elle ne peut rien *arrêter* dans une situation donnée. Lorsqu'elle peut arrêter ne serait-ce qu'une seule chose dans une situation, elle va alors découvrir qu'il lui est possible d'en arrêter d'autres et elle finira par retrouver sa capacité de *changer* certains aspects de la situation. De fil en aiguille, elle atteindra graduellement le niveau de compétence nécessaire pour changer n'importe quel aspect de la situation et elle sera finalement capable de *commencer* une action donnée.

On découvre donc que le contrôle et la confusion sont étroitement liés.

Le travailleur qui tombe facilement dans la confusion est celui qui ne peut pas contrôler les choses. Le cadre qui s'affole devant un cas d'urgence est celui qui, même lors de moments favorables, ne se sent pas réellement capable de commencer, de changer et d'arrêter les situations auxquelles il est mêlé en tant que cadre.

La frénésie, l'impuissance, l'incompétence, l'inefficacité et d'autres facteurs indésirables dans le travail remontent tous sans exception à l'inaptitude à commencer, changer et arrêter les choses.

Mettons que le directeur général d'une usine soit un homme compétent. Il peut donc commencer, changer et arrêter les diverses activités de l'usine, il peut commencer, changer et arrêter les diverses machines de l'usine, il peut commencer, changer et arrêter les matières premières et les produits de l'usine et il peut commencer, changer et arrêter les diverses activités ou difficultés concernant les travailleurs. Mais supposons que cette usine ait le malheur de n'avoir à sa disposition que cette seule personne qui puisse commencer, changer et arrêter les choses. À moins que le cadre s'occupe de toutes les matières premières en arrivage, mette en marche et arrête toutes les machines, effectue le traitement de tout le matériel et se charge lui-même de l'expédition des produits finis, il s'avérera incapable de faire tourner l'usine.

Il en est de même pour un chef de bureau qui peut lui-même commencer, changer et arrêter toutes les activités ou traiter toutes les affaires du bureau, car s'il est le seul à pouvoir le faire, il sera en fait impuissant à faire marcher un très grand bureau.

À l'usine comme au bureau, il est donc nécessaire pour un cadre, quelles que soient ses qualités, d'être secondé par des subordonnés qui n'ont pas de réticence à ce que le cadre les mette en route, les change et les arrête et qui peuvent eux-mêmes commencer, changer et arrêter les activités ou le personnel dans leur secteur immédiat au sein de l'entreprise.

Dotons maintenant l'usine ou le bureau d'un bon cadre, et donnons-lui aussi de bons subordonnés (par « bons » on entend capables de commencer, changer et arrêter les choses). Nous aurions encore des difficultés si, en descendant dans la hiérarchie de l'entreprise, nous ne découvrions pas de travailleurs qui soient à leur tour capables de commencer, de changer et d'arrêter leur propre travail. Nous aurions alors une situation dans laquelle le cadre et le contremaître seraient forcés d'accomplir eux-mêmes toutes les tâches de l'entreprise. En fait, pour avoir une usine valable, il faudrait que le cadre, le contremaître et les travailleurs, chacun d'entre eux dans son propre milieu, soient capables de commencer, de changer et d'arrêter les choses, sans pour autant avoir de réticence (le cadre y compris) à être mis en route, changés et arrêtés dans leurs fonctions, à condition que les directives données soient positives et compréhensibles.

Nous voyons s'estomper à l'examen le tableau classique qu'on nous a brossé des usines et des bureaux d'affaires, avec d'une part la « direction » et d'autre part la « main-d'œuvre ». Si l'on découvrait, dans une entreprise, un seul travailleur qui n'ait pas à mettre en route, à changer ou à arrêter sa propre personne ou quoi que ce soit d'autre, on serait alors en présence de quelqu'un qui mériterait bien le titre de « manœuvre ». Il est évident que depuis le P.D.G. jusqu'au travailleur le plus humble sur l'échelle des salaires, chacun est occupé à commencer, à changer et à arrêter des gens, des matériaux, des équipements, des produits et des éléments de l'environnement. Autrement dit, chacune des personnes présentes dans une usine ou dans un bureau dirige effectivement quelque chose.

Dès qu'un cadre a compris cela, il peut gérer son affaire de façon beaucoup plus efficace puisqu'il peut sélectionner parmi ses employés les personnes les plus aptes à mettre en route, à changer et à arrêter les choses. Ces dernières, par leur exemple, peuvent amener d'autres employés à un état d'esprit tel qu'ils veuillent bien eux aussi commencer, changer et arrêter positivement les choses.

On trouve cependant aujourd'hui que les cadres, les contremaîtres ou les travailleurs sont ou bien coincés *exclusivement* dans l'un ou l'autre des facteurs du contrôle, ou bien incapables d'en effectuer *aucun*. Nous avons donc, dans chaque usine, bureau, entreprise ou secteur d'activité – même au niveau de l'administration du pays – une quantité considérable de confusion qui n'existerait pas si les personnes présentes étaient capables de contrôler ce qu'elles étaient censées contrôler.

Il existe dans le monde du travail quotidien des gens, directeurs ou simples gardiens d'immeuble, qui sont fixés (coincés) sur la *mise en route*. Ces personnes peuvent commencer jour et nuit sans jamais démarrer. Elles parlent sans cesse de projets grandioses et de grosses affaires. Elles papotent avec beaucoup d'enthousiasme au sujet de « s'y mettre » sans jamais paraître bouger elles-mêmes.

D'autres personnes, quelle que soit leur classe ou leur catégorie, se fixent sur le *changement*. D'ordinaire, elles manifestent cela en insistant pour que tout « continue à marcher ». Elles parlent tout le temps de « poursuivre les choses en cours », mais elles n'écouteront aucune nouvelle suggestion et n'accepteront aucune nouvelle machine, car cela rendrait nécessaire l'arrêt de certaines vieilles machines et le démarrage de nouvelles. Il en résulte des usines vétustes et des mécanismes anciens qui ont continué à marcher bien au-delà de leur utilité ou de leur valeur économique. Une subdivision de cette catégorie apparaît avec la personne qui ressent le besoin de *tout changer à tout moment*. C'est effectivement une autre manifestation de cette tentative de « continuer à faire marcher les choses ». Mais au lieu de faire marcher les choses, une telle personne déplace à tout moment tout ce qu'il y a à déplacer. Si l'on émet des instructions, elle change ces instructions. Lorsqu'elle reçoit le mot d'ordre de partir, elle le transforme en celui de rester. Il s'agit, comme on le verra, d'un état de déséquilibre dans lequel la personne a en fait une réticence à faire marcher quoi que ce soit où que ce soit, et en réalité *arrête* les choses de façon obsessionnelle.

Les entreprises, commerces, usines, navires et même les administrations deviennent les victimes, en particulier, de personnes qui ne peuvent qu'*arrêter* les choses. Quel que soit le succès avec lequel un service fonctionne, il se trouvera toujours quelqu'un pour émettre une directive qui arrête l'activité en cours. Il suffit que de telles personnes découvrent qu'on *va* faire quelque chose pour qu'elles en provoquent l'arrêt. On contourne d'habitude cet obstacle en « évitant d'informer » ces personnes que quelque chose est en cours.

On peut donc constater qu'il y a des personnes qui abusent du cycle d'action qu'est « commencer, changer et arrêter », et qui sont, elles-mêmes, fixées sur l'*un* ou l'autre des facteurs du cycle d'action ou qui sont incapables de supporter *n'importe lequel* des facteurs de ce cycle – ce qui, bien entendu, revient à dire que ces personnes sont plongées dans une confusion continuelle et pénible.

Il convient de noter que les personnes qui ne peuvent que mettre en route les choses sont normalement créatrices. On attend de l'artiste, de l'écrivain, du concepteur qu'ils mettent des choses en route. Il est possible qu'ils puissent également les continuer ou les arrêter, mais leur fonction la plus pure est la *création*.

Parmi les hommes bienveillants et rationnels, il y a ceux dont la capacité première est de continuer les choses. S'ils peuvent vraiment les continuer, ils peuvent également mettre les choses en route ou les arrêter. C'est à ces hommes que nous nous en remettons pour la *survie* d'une affaire ou d'une opération.

Enfin, il y a la catégorie des personnes dont se sert la société pour arrêter les choses. Ces personnes ont habituellement une fonction policière. On déclare certaines choses néfastes et on confie ensuite à certaines personnes le soin de les arrêter. Une production imparfaite est arrêtée par des inspecteurs. Les pots-de-vin, la corruption ou la criminalité sont arrêtés par la police. Les personnes agressives à l'égard d'une nation sont arrêtées par l'armée.

Il n'y a pas lieu de s'étonner que ces spécialistes de l'arrêt soient, bien entendu, les spécialistes de la *destruction*.

Il n'y a pas lieu de s'étonner davantage de la constatation que lorsqu'on recherche l'élément dans la société qui est le plus apte à faire décliner cette société, on se tourne vers ceux qui sont les spécialistes de l'arrêt. Bien qu'elles exercent, pour la plupart, une fonction valable pour l'ensemble de la société, ces personnes, si elles accédaient pleinement au pouvoir – comme dans un État policier – ne feraient que détruire l'État et son peuple, ainsi qu'on l'a constaté depuis l'époque de Napoléon. L'Allemagne est la nation qui a le plus récemment confié toutes les fonctions de l'État à la police. Et l'Allemagne a été tout à fait arrêtée. D'ailleurs, elle n'a rien réalisé hormis la destruction.

Une société qui est très forte pour mettre les choses en route est une société créatrice. Une société qui est très forte pour maintenir les choses en état de marche est une société qui dure. Une société qui n'est capable que d'arrêter les choses est une société destructrice ou qui sera elle-même détruite.

Ainsi faut-il bien se rendre compte qu'un équilibre est nécessaire dans le triple facteur qu'est « commencer, changer et arrêter », et cela non seulement chez un individu mais dans une entreprise, et non seulement dans une entreprise mais au sein d'une nation. Lorsqu'on ne peut faire qu'une de ces trois actions, on est d'une utilité considérablement limitée.

L'état optimal voudrait que, du directeur général au gardien d'immeuble, tout le monde soit capable de mettre en route, de changer et d'arrêter et puisse tolérer d'être mis en route, changé et arrêté. Nous aurions ainsi une entreprise équilibrée et relativement peu sujette à la confusion. Aucune affaire ne peut réussir si elle n'a pas été correctement mise en route, si elle ne progresse pas dans le temps ou ne change pas de position dans l'espace et si elle ne peut pas mettre fin aux pratiques nuisibles et même à la concurrence.

Tout comme pour une nation ou une entreprise, il en est de même pour l'individu qui exerce un seul emploi. Il devrait pouvoir commencer, changer et arrêter tout ce qui est sous son contrôle immédiat. S'il s'occupe d'une machine, il devrait pouvoir la mettre en marche, la garder en marche (la changer) et l'arrêter, tout cela de son propre chef. Sa machine ne devrait pas être mise en marche par quelque ingénieur, puis arrêtée à une heure donnée de la journée sans qu'il y prête attention. En outre, s'il estimait que la machine devrait être arrêtée et huilée, il devrait avoir toute autorité pour agir sans avoir à supporter le harcèlement venant de quelque contremaître qui – sans comprendre la situation – aurait simplement observé qu'une machine était arrêtée alors que selon lui elle aurait dû être encore en marche.

Même le gardien d'immeuble, pour être efficace dans son travail, et par là même arriver à avoir des bureaux ou une usine propres, devrait pouvoir commencer, changer et arrêter les divers objets qui ont rapport à son travail. Il ne devrait pas avoir à continuer de balayer une fois le sol nettoyé. Il ne devrait pas avoir à arrêter de balayer avant d'avoir nettoyé le sol. Il devrait pouvoir commencer à balayer le sol quand il pense que c'est nécessaire. Naturellement, s'il est capable de faire ces tâches, il peut également coopérer avec ses camarades de travail et peut lui-même être arrêté, mis en route ou changé dans son activité, de façon à pouvoir faire *son* travail tout en permettant à ses collaborateurs de faire le *leur*.

Cependant, nous envisageons ici le cas d'une nation, d'une entreprise, d'un bureau d'affaires, d'une petite section ou d'un service qui fonctionnerait sans aucune surveillance. Bien qu'il y ait des cadres, des contremaîtres et des travailleurs, il serait douteux que la surveillance d'autrui accapare dans ce cas une grande partie du temps de quiconque. On découvre qu'au fur et à mesure que décline la capacité du travailleur, du contremaître et du cadre à commencer, changer et arrêter les choses qu'ils devraient manier et contrôler, la surveillance entre en jeu. Moins les gens sont capables de mettre en route, de changer et d'arrêter les gens ou les objets sous leur contrôle immédiat, et plus ils ont besoin de surveillance. Lorsque la surveillance atteint 80 pour 100 des activités de l'entreprise, la confusion alors présente aboutit à coup sûr à une inefficacité d'une importance suffisante pour ruiner cette entreprise.

La surveillance est donc en vérité une critique à l'égard de son subordonné hiérarchique. Elle implique que le subordonné est ignorant ou n'a pas de capacités dans le domaine du contrôle.

Coopération et « alignement des activités » sont tout autre chose que surveillance. Une hiérarchie de commandement n'implique pas nécessairement une surveillance. Par contre, elle implique bel et bien une planification coordonnée de l'opération dans son ensemble, qui est ensuite transmise à d'autres personnes afin de permettre la coordination de cette opération. Si tout le monde était d'accord sur la valeur d'une activité donnée et si chacun dans cette activité pouvait contrôler réellement les éléments ou les personnes qui se trouvaient placés dans son rayon d'action immédiat, on découvrirait alors que la planification n'entraînerait pas beaucoup de surveillance pour mettre en œuvre les idées en question. C'est un bien grand rêve. C'est seulement là où la Scientologie a été appliquée à fond que ce rêve pourrait se réaliser : à savoir qu'une organisation pourrait fonctionner en accord avec elle-même, sans surveillance et sans sanction.

On peut jauger ses collègues en fonction de la confusion dans laquelle ils sont empêtrés. Cette confusion indique d'emblée leur degré d'incapacité de contrôler des choses. Il est possible que l'incapacité du travailleur de contrôler des choses ne soit pas entièrement de sa faute. Deux choses peuvent être psychotiques : l'entourage et la personne. L'homme sain d'esprit rencontre des difficultés dans un milieu dément. Le dément éprouve des difficultés même dans le milieu le plus sain et le mieux ordonné. Il y a donc deux facteurs en jeu dans toute opération : la personne et ce qui l'entoure. On pourrait également dire qu'il y a deux facteurs dans toute entreprise : l'entreprise et ce qui l'entoure. Une seule entreprise saine, tâchant de fonctionner dans un monde de fous, aurait d'immenses difficultés à avancer. D'une façon ou d'une autre, l'incapacité des fous à commencer, changer et arrêter les choses finirait par contaminer l'entreprise et par détériorer son efficacité.

Ainsi n'est-ce pas suffisant qu'un individu soit capable de contrôler son travail. Il faut qu'il puisse également supporter la *confusion* de ceux qui l'entourent et qui ne peuvent pas contrôler leur travail, ou qu'il puisse tolérer le *contrôle* sain et régulier de ceux qui l'entourent.

La démence est contagieuse. La confusion aussi. Vous êtes-vous jamais entretenu avec un homme dans la confusion sans vous sentir vous-même un peu perplexe à la fin de la conversation ? Il en est de même au travail. Si quelqu'un travaille avec un très grand nombre d'incapables, il finit par se sentir lui-même incapable. Vivre seul ne suffit pas. Travailler seul est impossible. Quand on se rend compte de cela, on comprend également que sa capacité de contrôler ses machines ou *ses* outils de travail proches doit aussi comprendre l'aptitude à aider les gens autour de soi à contrôler ce dont *ils* s'occupent.

Plus d'un travailleur valable a quitté son usine parce qu'il n'a pas pu améliorer suffisamment son travail pour être satisfait de lui-même, ayant eu à faire face dans son travail à tant d'éléments et d'ordres confus qu'à la longue il s'est rebellé. On peut ainsi détraquer des travailleurs valables. Il est possible de repérer dans tout service les gens qui détraquent les bons travailleurs : ce sont les gens qui ne peuvent pas commencer, changer et arrêter les éléments comme la communication ou les machines et qui sont eux-mêmes enclins à la frénésie et à la confusion. Ce sont les gens qui préféreraient voir les solutions jetées à la poubelle et les problèmes accrochés au tableau d'affichage.

Que pourrait-on faire, entouré de personnes perplexes et incapables de mettre en route, de changer et d'arrêter leurs diverses activités ?

On pourrait d'abord devenir suffisamment capable dans son propre travail pour servir d'exemple aux autres et être de ce fait une donnée stable dans la confusion de cette zone.

On pourrait même faire plus. On pourrait comprendre comment s'y prendre avec ses collaborateurs et, par ce moyen, mettre de l'ordre dans leur esprit et dans leurs activités afin de contrecarrer leurs inaptitudes dans la mesure où elles pourraient nous nuire. Mais pour agir ainsi, il faudrait qu'on en sache long sur la Scientologie et ses différents principes – ce qui dépasse quelque peu le cadre de ce volume.

Quant au travailleur individuel désireux de faire du bon travail, de continuer à avoir un emploi et de s'élever dans la hiérarchie, il suffit presque qu'il comprenne à fond son travail, c'est-à-dire qu'aucun élément ne le plonge dans la confusion, qu'il soit en mesure de commencer, changer et arrêter tout ce qui se rapporte à ce travail, et qu'il puisse supporter que ses supérieurs le mettent en route, le changent et l'arrêtent sans qu'il en soit contrarié. Autrement dit, le plus grand atout et la plus grande assurance d'emploi que puisse avoir un travailleur seraient d'avoir *l'esprit tranquille* concernant son travail. La tranquillité d'esprit provient de l'aptitude à commencer, changer et arrêter les objets et les activités auxquels il est associé et l'aptitude à être mis en route, changé et arrêté par autrui sans pour autant être aussi perplexe qu'eux.

Aussi le secret de la réussite dans le travail est-il le secret du contrôle lui-même. Non seulement on continue à créer un travail jour après jour, semaine après semaine, mois après mois, mais on fait continuer le travail en lui permettant de progresser. On se montre aussi capable d'arrêter ou de mettre fin à un cycle de travail et de laisser ce cycle tranquille une fois terminé.

Les travailleurs sont victimes, le plus souvent, de patrons, de subordonnés, d'époux ou d'épouses qui ne peuvent rien contrôler eux-mêmes, mais qui se refusent pourtant à être contrôlés et qui sont singulièrement obsédés par l'idée de contrôler. Un travailleur étroitement lié à quelque chose qu'il est incapable de contrôler, alors que la chose ne peut pas le contrôler réellement non plus, fait son travail dans un état de confusion qui ne peut que le conduire à des difficultés et à une répugnance pour le travail en tant que tel.

On peut dire que le seul aspect négatif du travail est qu'il est très souvent associé aux incapacités de contrôler. Celles-ci présentes, le travail lui-même semble fastidieux, ardu et inintéressant, ce qui fait qu'on préférerait faire n'importe quoi plutôt que de continuer ce travail-là. Il y a beaucoup de solutions à cela, la première étant de retrouver le contrôle des fonctions ou des éléments auxquels on est le plus étroitement lié dans son travail.

Néanmoins, le contrôle en lui-même n'apporte pas une réponse complète à tout. Car s'il en était ainsi, il faudrait pouvoir tout contrôler, non seulement dans son propre travail, mais dans un bureau ou sur la Terre, avant de pouvoir être heureux. En examinant le contrôle, on découvre qu'il faut étendre les limites de son contrôle uniquement à son propre rayon d'action. Lorsqu'un individu essaie d'étendre son contrôle bien au-delà du domaine d'intérêt qui le touche directement, dans son travail ou dans la vie, il rencontre des difficultés. Par conséquent, il existe une limite à la « zone de contrôle » qui, violée, porte atteinte à beaucoup de choses. C'est presque une maxime que de dire que si un individu cherche continuellement à agir en dehors de son propre service, il ne s'occupera pas de son service. En fait, dans les organisations de Scientologie, on a découvert que la personne qui se mêle continuellement d'affaires *éloignées* du domaine d'activité qui la concerne ne se consacre pas à son domaine d'activité *réel*.

Aussi est-il évident qu'un facteur autre que le contrôle est en jeu. Ce facteur est le fait de bien vouloir *ne pas contrôler* et il est tout aussi important que le *contrôle* lui-même.

CHAPITRE CINQ

LA VIE EN TANT QUE JEU

LA VIE EN TANT QUE JEU

Il EST BIEN ÉVIDENT QUE SI L'ON contrôlait tout, on n'aurait pas de JEU. Il n'y aurait pas de facteurs imprévisibles, pas de surprises dans la vie. On pourrait qualifier cela d'enfer particulièrement insoutenable.

Si l'on pouvait tout contrôler de façon absolue, on pourrait, bien entendu, tout prévoir de façon absolue. Si l'on pouvait prévoir le cours et l'action de chaque mouvement dans toute l'existence, on n'y trouverait bien entendu aucun intérêt réel.

Nous avons déjà examiné la nécessité de contrôler dans le travail les objets proches. Mais souvenez-vous qu'il est nécessaire, si l'on contrôle ces objets tout proches, d'avoir d'autres objets ou d'autres environnements dont on n'a *pas* le contrôle absolu. Quelle en est la raison ?

C'est que LA VIE EST UN JEU.

Le mot « jeu » est employé ici en toute connaissance de cause. Embourbé dans la lutte parfois titanesque de l'existence, on a tendance à ne pas croire que la joie de vivre puisse exister. On est enclin à douter de l'existence du plaisir. Franchi le cap de la trentaine, les gens commencent en effet à se demander ce qu'est devenue leur enfance, époque où ils pouvaient effectivement s'amuser.

On en arrive à se demander si le « goût de vivre » n'est pas lui-même une sorte de traquenard. Et on se met à croire qu'il n'est pas bon de trop s'intéresser à de nouvelles gens et à de nouvelles choses, puisque cela conduirait inéluctablement à avoir le cœur brisé. Il est des hommes qui ont décidé qu'il valait mieux ne rien acquérir, puisque la perte apporte tant de douleur. Selon eux, mieux vaut vivre dans une relative privation que dans un luxe considérable, car leur douleur serait moindre s'ils perdaient ce qu'ils ont.

La vie, pourtant, est un jeu. Il est très facile de concevoir un jeu en termes de cricket ou de football. Il est moins facile de concevoir la vie comme un jeu quand on est obligé de se lever avant l'aube pour ne regagner sa maison qu'après la tombée de la nuit, usé par une journée de travail ardu et relativement ingrat. On contestera vraisemblablement qu'une telle activité puisse être un jeu. Il est néanmoins évident, d'après diverses expériences faites en Scientologie, que la vie, à quelque niveau émotionnel que ce soit, est au fond un jeu et que les éléments de la vie elle-même sont les éléments des jeux.

TOUT TRAVAIL EST UN JEU.

Un jeu se compose de :

LIBERTÉS, BARRIÈRES et BUTS.

Les jeux comportent aussi beaucoup d'autres facteurs complexes dont la liste complète a été dressée en Scientologie.

Le premier est la nécessité dans le jeu d'avoir un adversaire ou un ennemi. Un autre est la nécessité d'avoir des problèmes. Un autre encore est la nécessité d'avoir suffisamment d'individualité pour faire face à la situation. Donc, pour vivre pleinement, il faut, en plus de « quelque chose à faire », avoir un but supérieur. Et celui-ci, pour constituer un but, exige des contre-buts ou buts qui l'empêchent de se réaliser. Il faut avoir des individualités qui s'opposent à ses buts ou activités. Et si ces éléments manquent, il est certain qu'on les inventera.

« Tout travail est un jeu. »

Cette dernière notion est fort importante. Si une personne manque de problèmes, d'adversaires et de buts opposés aux siens, *elle en inventera*. Voilà au fond l'« aberration » dans sa totalité. Mais plus intimement liées à notre propos, voilà les difficultés qui proviennent du travail.

Prenons le contremaître qui contrôle avec compétence tout ce qui se trouve dans son secteur et qui ne fait rien d'autre ; si ce contremaître n'a pas un équilibre mental parfait à tous égards (c'est-à-dire s'il est humain), nous découvrirons qu'il *inventera* des personnalités qu'il attribuera à ses ouvriers et des raisons pour lesquelles ils vont lui résister, ainsi que des oppositions réelles. Nous le trouverons en train de choisir et de sanctionner un ou plusieurs de ses ouvriers pour de « très bonnes raisons », selon lui, mais en fait sans autre raison que son besoin obsessionnel d'avoir des adversaires. On pourrait, en suivant des analyses mentales anciennes, croire y déceler un grand nombre de classifications enchevêtrées. Mais il n'est point besoin de les examiner. À la vérité, il faut que l'Homme ait un jeu ; et s'il n'en a pas, il s'en fabriquera un. Si cet homme est « aberré » et n'est pas parfaitement compétent, il va créer un jeu extrêmement aberrant.

Lorsqu'un cadre constate qu'autour de lui tout marche comme sur des roulettes, il risque de susciter des difficultés, ne serait-ce que pour avoir quelque chose à faire, à moins qu'il soit vraiment en très bon état mentalement. Ainsi, la direction de l'entreprise se met-elle à prétendre, souvent sans aucun fondement, que la main-d'œuvre lui est hostile. De même, les ouvriers sont parfois convaincus que la direction, qui est en fait tout à fait compétente, fait obstacle à leurs intérêts. On a inventé un jeu là où aucun jeu ne peut en fait exister.

Lorsque les hommes deviennent myopes, ils ne voient plus au-delà des choses qui les entourent. On trouve dans chaque bureau, chaque usine ou chaque activité le jeu qui consiste pour chaque bureau, usine ou activité à s'opposer à ses concurrents et à s'opposer au milieu extérieur. Si le bureau, l'usine ou l'activité ainsi que tout le personnel qui en dépend se comportent d'une façon totalement rationnelle et efficace, ils vont choisir le monde extérieur et les autres entreprises rivales pour terrain de jeu. S'ils ne sont pas à la hauteur et s'ils sont incapables de discerner le vrai jeu, ils vont inventer un jeu qui se déroulera désormais à l'intérieur du bureau ou de l'usine.

Dans les jeux, on a des individus et des équipes. Les équipes jouent contre les équipes ; les individus jouent contre les individus. Lorsqu'on empêche un individu de faire entièrement partie de l'équipe, il a tendance à prendre pour adversaires d'autres membres de l'équipe. En effet, ne l'oubliez pas, il *faut* que l'Homme ait un jeu.

Les diverses complexités du travail ainsi que les problèmes de production et de communication viennent de toutes ces complexités.

Si chaque personne dans une usine était capable de contrôler son domaine propre à l'intérieur de celle-ci et si chacun effectuait son propre travail, on ne manquerait pas vraiment de jeux parce qu'il y a d'autres usines, d'autres activités dans le monde extérieur qui peuvent toujours fournir assez de jeux à toute organisation rationnelle. Mais supposons que les membres d'une organisation ne puissent pas contrôler leur domaine propre ou leurs activités et qu'ils essaient de façon obsessionnelle de créer des jeux aberrants tout autour d'eux, nous aurions alors une situation où l'usine, le bureau ou l'entreprise ne pourrait pas lutter avec succès contre son milieu et aurait un faible niveau de production, si toutefois l'effondrement était évité.

Que vous soyez aberré ou non, que vous soyez compétent ou non, n'oubliez pas que la vie est un jeu et que la devise de tout individu ou de toute équipe en vie est la suivante :

IL *FAUT* QU'IL Y AIT UN JEU.

Si les individus sont en bon état mental et physique, ils jouent réellement le jeu qui est manifeste et clairement visible.

S'ils ne sont pas en bon état et qu'ils sont eux-mêmes incapables de contrôler ce qui les entoure, ils vont se mettre à jouer avec leurs outils.

Le mécanicien, par exemple, va découvrir que sa machine est subitement incapable de fonctionner. On n'irait pas jusqu'à dire qu'il va faire tomber sa machine en panne afin d'en faire un jeu, mais il va s'acharner sur elle avec une agitation continuelle.

L'agent comptable, peu adapté à son entreprise et incapable de contrôler les outils directement liés à son emploi, va commencer à jouer avec ses propres chiffres et ne va pas obtenir des bilans équilibrés. Sa calculatrice va tomber en panne, ses feuilles vont s'égarer et d'autres incidents encore qui ne devraient jamais se produire vont arriver sous son nez. Par contre, s'il était en bon état et apte à jouer le vrai jeu qui consiste à tenir au net les comptes des autres dans l'entreprise, il serait efficace.

On pourrait donc définir l'efficacité comme « la capacité de jouer le jeu à portée de la main ». On pourrait définir l'inefficacité comme « l'incapacité de jouer le jeu à sa portée, doublée de la nécessité d'inventer des jeux à partir d'éléments que l'on devrait en fait pouvoir aisément contrôler ».

Cela a l'air presque trop simple mais, malheureusement pour les grands professeurs qui s'évertuent à compliquer les choses, c'est vraiment aussi simple que cela. Il y a bien sûr de nombreuses façons pour les gens de devenir aberrés. Mais ce n'est pas là le sujet de ce livre qui est consacré au travail.

En comprenant qu'il *faut* que la vie soit un jeu, on se rend compte par là même qu'il y a une limite au domaine que l'on peut contrôler tout en gardant un intérêt pour la vie. C'est surtout l'imprévisible qui éveille l'intérêt. Le contrôle est important ; le non-contrôle est toutefois encore plus important. Pour effectivement manier une machine à la perfection, il faut *bien vouloir* la contrôler ou ne pas la contrôler.

Quand le contrôle devient obsessionnel, on finit par y trouver à redire. Nous sommes tous troublés par l'individu qui se doit de contrôler coûte que coûte tout ce qui se passe sous ses yeux. Et cet individu est la raison même pour laquelle nous avons commencé à prendre le contrôle en grippe.

Il peut paraître bizarre de dire que le *non*-contrôle doit lui aussi être sous son contrôle. Mais au fond, c'est vrai. Il faut *bien vouloir* laisser certaines parties du monde sans contrôle. Si l'on n'y arrive pas, on dégringole rapidement en bas de l'échelle pour se retrouver dans une situation où l'on tente de contrôler de façon obsessionnelle des choses qu'on ne sera jamais capable de contrôler ; c'est ainsi qu'on se rend malheureux ; puis on commence à mettre en doute sa capacité de contrôler les choses qu'en fait, on devrait être en mesure de contrôler, de sorte qu'à la longue on perd sa capacité de contrôler quoi que ce soit. Voilà, en somme, ce que nous appelons en Scientologie « la spirale descendante du contrôle ».

Il existe des facteurs mentaux, dont nous ne discuterons pas ici, qui tendent à faire accumuler les échecs dans le contrôle jusqu'au moment où l'on n'a plus confiance dans sa capacité de contrôler. La vérité dans l'histoire est qu'un individu désire effectivement que quelque aspect de la vie échappe à son contrôle. Lorsque cet aspect de la vie lui fait suffisamment de mal, il se résigne à la nécessité de le contrôler et se rend plus ou moins malheureux s'il ne parvient jamais à le faire.

Un jeu se compose de liberté, de barrières et de buts. Il se compose aussi de :

CONTRÔLE et de NON-CONTRÔLE.

Dans un jeu, il *faut* que l'adversaire soit un facteur incontrôlé. Sinon on connaîtrait exactement le déroulement et le dénouement du jeu ; et ce ne serait plus du tout un jeu. Si une équipe de rugby pouvait totalement contrôler l'autre équipe, il n'y aurait pas de partie de rugby. Il n'y aurait « pas de compétition ». Il n'y aurait ni joie ni plaisir à jouer cette partie de rugby.

Cependant, si un joueur de rugby a reçu une blessure grave au cours d'un match, le rugby *lui* offre désormais un nouveau facteur d'ignorance.

Cette blessure se loge dans ce que nous appelons le « mental réactif », qui est une partie du mental dont on n'a pas conscience et qui fonctionne tout le temps. On fonctionne normalement en utilisant ce que nous appelons le « mental analytique », qui nous est totalement connu. Tout ce que nous avons oublié, les moments d'inconscience et de douleur, sont enfermés comme sous clef dans le mental réactif, où ils sont désormais en mesure de réagir sur l'individu de manière à l'empêcher de faire une chose qui a été autrefois dangereuse. Bien qu'il s'agisse là d'un domaine plutôt technique, il faut pourtant comprendre que le passé d'une personne tend à s'accumuler et à la rendre victime dans l'avenir. Ainsi, quand il jouera, le joueur de rugby sera susceptible d'être *restimulé* ou de *réagir à cause* de la vieille blessure reçue dans un match de rugby, si bien qu'il jouera au rugby avec moins d'entrain et de bonne humeur. Il commencera à s'inquiéter. Il se rembrunira lorsqu'il sera question de rugby, ce qui se traduira par un effort pour contrôler activement les joueurs de l'équipe adverse afin que ces derniers ne le blessent pas de nouveau.

Un coureur motocycliste célèbre a une fois été blessé en pleine course. Quinze jours plus tard, dans une autre course, on l'a vu abandonner au cinquième tour sans blessure ni incident et se diriger vers le stand. Il avait agi ainsi juste après l'embardée d'une autre moto tout contre lui, car il s'était tout d'un coup rendu compte qu'il était incapable de contrôler *cette* moto-là. Il s'est alors senti incapable de contrôler sa *propre* moto et n'a compris qu'une seule chose : il fallait qu'il se retire de la course. Tout comme ce coureur qui a abandonné la course, nous avons tous, à un moment ou à un autre, délaissé des secteurs de la vie.

Or, jusqu'au moment de l'accident, le coureur motocycliste était parfaitement disposé à ne contrôler aucune moto sur la piste en dehors de la sienne. Il ne se souciait pas des autres motos puisqu'elles ne l'avaient jamais blessé et que les courses motocyclistes ne constituaient encore pour lui qu'un jeu. Cependant, au cours de l'accident, il y a eu un moment où il cherchait à contrôler une autre moto que la sienne et un autre coureur. Il a échoué dans cet effort. Il y a donc, dans son « mental réactif », une véritable « image mentale » contenant l'échec de sa tentative pour contrôler une moto. À cause de cela, il sera moins compétent dans les courses futures. Il craindra sa propre machine. Il l'a identifiée à celle de quelqu'un d'autre. C'est un échec de contrôle.

Pour que cet homme redevienne un bon coureur motocycliste, il faudrait qu'il retrouve son attitude désinvolte à l'égard du contrôle des autres machines et coureurs sur la piste, et qu'il regagne sa capacité personnelle de contrôler sa propre machine. S'il pouvait y arriver, il redeviendrait un coureur motocycliste audacieux, efficace et triomphant, faisant preuve d'une grande compétence. Seul un praticien de la Scientologie pourrait lui faire retrouver cet état – et ceci vraisemblablement en très peu d'heures.

Cependant, ce livre n'est pas un manuel qui explique comment supprimer des maux du passé, mais plutôt un livre qui explique les raisons pour lesquelles les hommes perdent leur compétence à manier les outils directement liés à leur métier. Ces hommes ont tenté de ne pas exercer de contrôle sur le monde environnant jusqu'au moment où le monde environnant leur a fait du *mal*. Ils ont alors eu l'idée qu'ils auraient dû contrôler davantage que leurs propres emplois. N'ayant pas réussi à contrôler davantage, ils ont été aussitôt convaincus qu'ils étaient incapables de contrôler quelque chose. Cela est tout à fait différent que de laisser des choses sans contrôle. La capacité de contrôler les choses et la capacité de laisser les choses sans contrôle sont toutes les deux nécessaires à une vie réussie et à un travail bien fait. La conviction qu'on ne peut pas contrôler quelque chose est une tout autre affaire.

Le sentiment de confiance en soi et de compétence provient à vrai dire de l'aptitude à contrôler *ou* à laisser sans contrôle, les divers objets et les différentes personnes de son entourage.

Quand on devient obsédé par la nécessité de contrôler quelque chose qui est pourtant hors de sa zone de contrôle, c'est qu'on est persuadé de son inaptitude à contrôler les choses toutes proches. Une personne finit par sombrer dans un tel état d'esprit qu'elle ne peut plus faire attention à son propre travail, étant seulement capable de s'avancer vers le milieu extérieur pour chercher – avec ou sans succès – à arrêter, mettre en route ou changer des choses qui, en réalité, n'ont pas grand-chose à voir avec son propre travail. D'où les fauteurs de troubles, les travailleurs inefficaces, les autres individus condamnés à échouer. Ils vont échouer parce qu'ils *ont* déjà échoué à un moment donné du passé.

La situation est un peu moins désespérée qu'elle n'en a l'air parce que seules une véritable blessure physique et une grande contrainte peuvent donner à un individu le sentiment qu'il est incapable de contrôler des choses. Ce n'est pas le maniement quotidien de machines qui détériore la capacité de travailler ou de s'occuper de la vie. Ce n'est pas vrai que l'aptitude à agir s'use avec l'âge et la fatigue. Ce qui *est* vrai, c'est qu'une personne se blesse en un moment bref et soudain, que cette *blessure* l'accompagne désormais à son travail et qu'elle est la cause de son déclin. L'éradication de la blessure lui permet de retrouver une aptitude à contrôler ce qui l'entoure.

L'étude du travail dans son ensemble nous amène donc à apprécier la valeur du *non-contrôle*.

L'ouvrier mécanicien qui fait un bon travail doit pouvoir être détendu à l'égard de sa machine. Il doit pouvoir la laisser marcher ou ne pas la laisser marcher, la mettre en route ou ne pas la mettre en route, l'arrêter ou ne pas l'arrêter. S'il peut faire tout cela avec confiance et l'esprit tranquille il peut alors manier cette machine et l'on va découvrir qu'avec lui elle marchera bien. Admettons maintenant que la machine en question lui fasse « un mauvais coup » : qu'il se blesse la main, qu'un autre ouvrier le bouscule au mauvais moment ou qu'un outil qu'on lui a donné soit défectueux et vole en éclats. Une véritable douleur physique fait ainsi son entrée en scène. L'ouvrier va avoir tendance d'abord à s'éloigner de la machine, puis à se concentrer sur la machine plus laborieusement qu'il ne le faut. Il n'est plus disposé à la laisser sans contrôle. Lorsqu'il travaille à cette machine, il *faut* qu'il la *contrôle*. Maintenant qu'il a fait entrer une contrainte dans cette situation et que cela l'inquiète, on peut être à peu près certain que la machine va de nouveau le blesser. Et le voici qui subit donc une seconde blessure qui suscite en lui une impulsion accrue à contrôler la machine.

Comprenez qu'au moment où il a été blessé, la machine était hors contrôle. Et maintenant, bien que cet état de « hors contrôle » soit une condition de jeu, il n'est ni bienvenu ni désiré par l'ouvrier mécanicien en question. À la longue, il finira sûrement par considérer cette machine comme une espèce de démon. Il la fera marcher, pourrait-on dire, toute la journée et la nuit, pendant son sommeil, il la fera encore marcher. Il consacrera ses week-ends et ses vacances à continuer de « faire tourner » cette machine. Viendra un jour où il ne pourra plus supporter de la voir, reculant devant l'idée d'avoir à la faire marcher un seul instant de plus. Ce tableau est rendu un peu plus complexe par le fait que ce n'est pas toujours la blessure occasionnée par sa propre machine qui provoque chez lui ce sentiment d'inquiétude à l'égard des machines. Un homme qui reprend son travail de mécanicien, après avoir été victime d'un accident de la route, pourrait bien être très angoissé à propos des machines en général. Il commence à identifier sa *propre* machine à d'*autres* et *toutes* les machines se réduisent à *une seule et même* machine, *celle* qui lui a fait du mal !

D'autres conditions entrent en ligne de compte pour les emplois physiquement moins fatigants.

Un employé de bureau, par exemple, peut se trouver dans une situation où il est malade pour des raisons extérieures à son travail, mais où il est cependant obligé de travailler, malade ou non, parce qu'il n'a pas beaucoup de congés. Les outils liés à son propre travail – ses fichiers, ses stylos, ses cahiers ou la pièce – sont identifiés à sa sensation d'être malade, tant et si bien qu'il pense que ces outils aussi lui ont porté « des coups ». Par conséquent, il devient obsédé dans son contrôle de ses outils, et tout comme l'ouvrier mécanicien, il décline dans son aptitude à les contrôler. Quoique ces outils ne l'aient pas réellement blessé, il les associe au fait d'« être blessé ». Autrement dit, il identifie sa propre maladie à l'emploi qu'il exerce.

C'est ainsi que même un employé de bureau – dont les outils de travail ne présentent pas de danger spécial – peut être perturbé par ses outils et peut, d'abord, exercer sur eux un contrôle *énorme* et obsessionnel et finir par en abandonner *tout* contrôle, pensant qu'il préférerait être battu que d'avoir à travailler un instant de plus dans son domaine.

Un des moyens pour quelqu'un de surmonter une telle situation consiste tout simplement à *toucher* ou à manier les divers outils liés à son métier et à l'environnement de travail. Si un homme faisait le tour du bureau dans lequel il travaille depuis des années pour toucher les murs, les rebords de fenêtres, l'équipement, les tables, les bureaux et les chaises – en palpant soigneusement chaque objet et en le localisant attentivement par rapport aux murs et aux autres objets de la pièce – il se sentirait beaucoup plus à l'aise à l'égard de la pièce tout entière. Essentiellement, il se déplacerait d'un moment dans le temps où il était malade ou blessé, jusqu'au temps présent.

La maxime ici est :

IL FAUT FAIRE SON TRAVAIL DANS LE TEMPS PRÉSENT.

IL NE FAUT PAS CONTINUER À TRAVAILLER COINCÉ DANS DES MOMENTS DU PASSÉ OÙ L'ON A ÉTÉ BLESSÉ.

Si le fait de connaître les outils de son métier ou de les toucher et de découvrir avec exactitude leur position et leur état est si salutaire, quel pourrait bien être le mécanisme agissant ici ?

Nous garderons pour plus tard dans ce livre quelques exercices destinés à faire recouvrer l'aptitude à travailler et nous allons maintenant examiner ce nouveau facteur.

« Si un homme faisait le tour du bureau dans lequel il travaille depuis des années pour toucher les murs, les rebords de fenêtres, l'équipement, les tables, les bureaux et les chaises – en palpant soigneusement chaque objet et en le localisant attentivement par rapport aux murs et aux autres objets de la pièce – il se sentirait beaucoup plus à l'aise à l'égard de la pièce tout entière. »

CHAPITRE SIX

AFFINITÉ, RÉALITÉ ET COMMUNICATION

AFFINITÉ, RÉALITÉ ET COMMUNICATION

TROIS FACTEURS SONT EN Scientologie d'une importance capitale pour faire face à la vie. Ces trois facteurs apportent des réponses aux questions suivantes : Comment dois-je parler aux gens ? Comment puis-je vendre des choses aux gens ? Comment puis-je présenter de nouvelles idées aux gens ? Comment puis-je découvrir à quoi pensent les gens ? Comment puis-je mieux faire mon travail ?

En Scientologie, ces trois facteurs portent le nom de TRIANGLE D'A-R-C.

On l'appelle un triangle parce que ses trois points sont liés.

Le premier de ces points est :

L'AFFINITÉ.

Le second est :

LA RÉALITÉ.

Le troisième, le plus important, est :

LA COMMUNICATION.

Ces trois facteurs sont liés.

« En Scientologie, ces trois facteurs portent le nom de TRIANGLE d'A-R-C. On l'appelle un triangle parce que ses trois points sont liés. Le premier de ces points est : l'Affinité. Le second est : la Réalité. Le troisième, le plus important, est : la Communication. »

Par affinité, on entend « réponse émotionnelle », le « sentiment d'affection ou son absence, l'émotion ou la "mésémotion" rattachée à la vie ».

Par réalité, on entend « les objets solides, les choses *réelles* de la vie ».

Par communication, on entend un « échange d'idées entre deux terminaux (personnes) ».

Sans affinité, il n'y a ni réalité ni communication. Sans réalité, il n'y a ni affinité ni communication. Sans communication, il n'y a ni affinité ni réalité. Ces affirmations ont beau être très générales, elles n'en sont pas moins précieuses et véridiques.

Avez-vous jamais essayé de parler à un homme en colère ? La communication d'un homme en colère se fait à un niveau de mésémotion qui rebute tout terminal éventuel. Son niveau de communication est par conséquent très bas, quoique très bruyant. Il tente de détruire quelque chose ou quelque terminal. Sa réalité est par conséquent appauvrie. Il y a de grandes chances pour que ce qui apparemment « le met en colère » ne soit pas ce qui l'irrite effectivement. Un homme emporté ne dit pas toujours la vérité. On pourrait donc dire que sa réalité est faible, même sur le sujet à propos duquel il tente de s'exprimer.

Il faut qu'il y ait une bonne affinité (c'est-à-dire de l'affection) entre deux personnes avant qu'elles deviennent très réelles l'une pour l'autre (et dans ce cas, il faut que la réalité soit employée graduellement, certaines choses étant *plus réelles* que d'autres). Il faut qu'il y ait une bonne affinité entre deux personnes avant qu'elles puissent s'entretenir avec quelque véracité ou confiance. Avant que deux personnes puissent être réelles l'une pour l'autre, il faut qu'il y ait quelque communication entre elles. Il faut au moins qu'elles se voient, ce qui en soi constitue une forme de communication. Avant que deux personnes puissent ressentir de l'affinité l'une pour l'autre, il faut qu'elles soient, dans une certaine mesure, réelles.

Ces trois termes sont interdépendants. Lorsque l'un d'entre eux fléchit, les deux autres chutent également. Lorsque l'un s'élève, les deux autres montent aussi. Il suffit d'améliorer un seul des sommets de ce triangle si précieux en Scientologie pour améliorer les deux sommets restants. Il suffit d'améliorer deux sommets du triangle pour améliorer le troisième.

Pour vous donner une idée de l'application pratique de ce triangle, voici l'exemple d'une jeune fille qui s'était enfuie de chez elle et à qui ses parents ne voulaient plus parler. Cette jeune fille, qui était employée de bureau, se sentait fort découragée et faisait un très mauvais travail. C'est ainsi que la situation est devenue d'un grand intérêt pour le chef de service. Ordinairement, dans le monde du travail, celui-ci l'aurait licenciée pour embaucher une autre employée à sa place, mais il était difficile à l'époque de trouver du personnel et ce chef de service connaissait la façon moderne de s'y prendre : il a fait venir un scientologue.

Le scientologue, dont l'attention avait été attirée sur cette jeune fille par le chef de service, a eu une entrevue avec elle au cours de laquelle il a découvert que ses parents étaient très en colère contre elle, au point de ne plus vouloir communiquer du tout avec. Ils avaient été si contrariés par son refus (en réalité, son incapacité) de poursuivre la carrière de pianiste de concert à laquelle ils l'avaient destinée, en payant ses études à grands frais, qu'ils « s'en étaient lavé les mains ». Et leur contrariété l'avait obligée à s'enfuir vers une ville lointaine. Depuis lors, ses parents n'avaient pas communiqué *avec* elle, mais ils avaient *parlé* d'elle en termes très amers à des personnes qu'elle avait connues dans leur quartier. Dans cet état d'esprit – puisqu'elle était toujours très attachée à ses parents et désireuse de s'entendre le mieux possible avec eux – elle était incapable de travailler. Ses défaillances au travail obstruaient les lignes de communication dans son propre bureau. Autrement dit, son affinité était très basse, sa réalité des choses l'était également, puisqu'elle était pour ainsi dire « ailleurs » le plus clair du temps. Et, de ce fait, les lignes de communication qui passaient par elle s'avéraient également basses, parvenant à bloquer d'autres lignes de communication dans le bureau.

Connaissant bien le triangle d'A-R-C, le scientologue a entrepris une action très ordinaire, aux yeux d'un scientologue, et qui, pour ce qui est de la jeune fille, a réussi « comme par enchantement ». Il lui a demandé d'écrire à ses parents. Elle *devait* écrire, qu'ils répondent ou non. Et elle l'a fait.

Naturellement, ses parents n'ont pas répondu. Pourquoi ? Eh bien, leur fille, qui leur avait désobéi et qui s'était soustraite à leur contrôle, n'était apparemment plus en contact avec eux. Les parents ne la considéraient pas comme *réelle*. Pour eux, elle n'*existait* pas vraiment. C'est ce qu'ils s'étaient dit. Ils s'étaient même efforcés de la rayer de leur vie, puisqu'elle les avait « tant déçus ». Ils ne ressentaient donc plus aucune émotion à son sujet, à l'exception peut-être d'une sorte d'*apathie*. Ils avaient été incapables de la contrôler. Et donc *cet* échec les avait rendus apathiques à son sujet. Arrivés à ce stade, les parents étaient plongés dans une morne apathie à l'égard de leur fille au point qu'elle n'était plus du tout réelle à leurs yeux. En fait, étant donné qu'ils lui avaient fait entreprendre une carrière qu'elle n'était pas en mesure de mener à bien, elle ne devait pas avoir été très réelle pour eux dès le début, car cette carrière était clairement au-delà de ses aptitudes.

Bref, le scientologue lui a fait rédiger une autre lettre qui, selon l'expression utilisée en Scientologie, ne parlait que de « beau temps et de bonne route ». La jeune fille leur expliquait qu'elle travaillait dans une autre ville, qu'il y faisait beau, que ça marchait, qu'elle espérait que de leur côté tous deux allaient bien et qu'elle les embrassait bien fort. La lettre évitait soigneusement toute allusion aux problèmes ou activités qui avaient été la cause immédiate de son départ de chez elle. Le A de la lettre, l'affinité, était très élevé. Le C était présent. Ce que tentait de faire le scientologue, c'était d'établir le R, la réalité : la réalité de la situation qui était que la jeune fille se trouvait dans une autre ville, ainsi que la réalité tangible qu'elle existait dans le monde. Il savait qu'elle était suffisamment attachée à ses parents pour ne pas être réelle à *ses propres yeux* si *eux* ne la considéraient pas comme réelle.

Bien entendu, ils n'ont pas répondu à cette première lettre, mais le scientologue a fait en sorte qu'elle écrive de nouveau. Après quatre lettres – qui disaient toutes plus ou moins la même chose et ne tenaient nullement compte du fait qu'il n'y avait pas eu de réponse – la mère a subitement adressé une lettre à sa fille dans laquelle elle se mettait en *colère* (non contre elle, mais contre une de ses vieilles camarades). Le scientologue a instruit et « freiné » la jeune fille, l'empêchant d'éclater en retour sur cette ligne de communication ; il l'a encouragée à rédiger une lettre « étonnée » et agréable, dans laquelle elle exprimait son bonheur d'avoir eu des nouvelles de sa mère.

Deux lettres ont fait suite à la sienne, l'une du père et l'autre de la mère, toutes deux pleines d'affection et de l'espoir que leur fille allait bien. Elle y a, bien entendu, répondu avec une joie évidente, mais aurait donné dans la propitiation si le scientologue le lui avait permis. Au lieu de cela, elle a renvoyé à chacun d'eux une lettre heureuse.

Cela a occasionné l'arrivée de deux nouvelles lettres qui la félicitaient d'avoir trouvé un emploi et d'avoir découvert une source d'intérêt dans la vie, et qui lui demandaient où ils devaient envoyer ses vêtements, y ajoutant d'ailleurs un petit mandat pour l'aider à joindre les deux bouts dans la ville où elle se trouvait. Les parents avaient déjà commencé à faire des projets pour la nouvelle carrière de leur fille, la sténographie, qui concordait avec ce qu'elle était capable de faire dans la vie.

Bien entendu, le scientologue savait exactement ce qui allait se produire. Il savait que *leur* affinité et *leur* réalité s'élèveraient. Et que la réalité, l'affinité et la communication *de la jeune fille* s'élèveraient au bureau dès qu'on aurait remédié à cette situation. Il y a remédié par la communication dans laquelle la jeune fille exprimait de l'affinité. Cela a, bien sûr, comme toujours, provoqué une réaction. La qualité de son travail est devenue satisfaisante, elle s'est mise à faire des progrès, et étant donné que son sens de la réalité était maintenant suffisamment grand, elle est effectivement devenue une employée de bureau de grande valeur.

La raison pour laquelle le triangle d'A-R-C est probablement passé si longtemps inaperçu est qu'une personne dans l'apathie monte en passant par divers « tons ». Ceux-ci sont tout à fait constants, l'un suivant l'autre, et une personne monte *toujours* en les traversant, l'un après l'autre. Ce sont les tons de l'affinité. L'échelle des tons de la Dianétique et de la Scientologie est probablement le meilleur moyen possible de prévoir ce qui va avoir lieu ensuite ou ce qu'une personne va faire.

L'échelle des tons débute bien au-dessous de l'apathie. Cela veut dire qu'une personne ne ressent aucune émotion pour le sujet donné. L'attitude des Américains à l'égard de la bombe atomique en a été un exemple. Un sujet qui aurait vraiment dû les concerner se trouvait tellement au-delà de leur capacité de contrôle et contenait une telle possibilité de mettre fin à leur existence qu'ils étaient plongés dans un état *inférieur à l'apathie* à ce sujet. Ils ne s'apercevaient en fait même pas que c'était un problème important. Il a fallu travailler quelque temps avec des Américains « audités » sur ce sujet spécifique avant qu'ils commencent à se sentir *apathiques* à propos de la bombe atomique. Cela constituait en réalité une amélioration par rapport au sentiment de n'avoir aucune émotion concernant ce sujet qui aurait dû les toucher intimement. Autrement dit, les gens se trouvent à un point bien au-dessous de l'apathie concernant bien des sujets et bien des problèmes.

C'est là que débute l'échelle des tons, dans une nullité totale, éteinte, bien inférieure à la mort elle-même. En s'élevant vers des tons meilleurs, on rencontre successivement ces niveaux :

MORT DU CORPS,
L'APATHIE,
LE CHAGRIN,
LA PEUR,
LA COLÈRE,
L'ANTAGONISME,
L'ENNUI,
L'ENTHOUSIASME
ET LA SÉRÉNITÉ, dans cet ordre.

Enthousiasme

Sérénité

Ennui

Antagonisme

Colère

Peur

Chagrin

Apathie

L'ÉCHELLE DES TONS

Mort du corps

Il y a beaucoup de petits arrêts entre ces tons, mais pour savoir quelque chose des êtres humains, il faut à tout prix connaître ces émotions-là.

Lorsque le ton d'une personne qui se trouve en *apathie* s'améliore, elle éprouve du *chagrin*.

Une personne qui éprouve du *chagrin* dont le ton s'améliore éprouve de la *peur*.

Une personne qui a *peur* dont le ton s'améliore éprouve de la *colère*.

Une personne en *colère* dont le ton s'améliore éprouve de l'*antagonisme*.

Une personne dans l'*antagonisme* dont le ton s'améliore éprouve de l'*ennui*.

Lorsque le ton d'une personne dans l'*ennui* s'améliore, elle devient *enthousiaste*.

Lorsque le ton d'une personne *enthousiaste* s'améliore, elle éprouve de la *sérénité*.

En fait, le niveau *au-dessous de l'apathie* est si bas qu'il constitue un état d'esprit de non-affinité, de non-émotion, de non-problème et de non-conséquence pour des choses qui sont d'une importance capitale. La zone inférieure à l'apathie est une zone sans douleur, sans intérêt, sans état d'être ni quoi que ce soit d'autre qui importe à quiconque. Mais c'est une zone de grand danger, car on s'y trouve au-dessous du niveau où l'on est capable de réagir à quoi que ce soit et, de ce fait, on pourrait tout perdre sans même apparemment *s'en rendre compte*.

Un travailleur en très mauvais état — et qui constitue en fait un risque pour l'organisation — peut ne pouvoir éprouver aucune douleur ou émotion pour quelque sujet que ce soit. Il se trouve au-dessous de l'apathie. On a vu des ouvriers se blesser la main « sans rien y voir de sérieux » et continuer à travailler en dépit de leur grave blessure. Les personnes qui travaillent dans les dispensaires des zones industrielles sont parfois fort étonnées de découvrir le peu de cas que font certains ouvriers de leurs propres blessures.

C'est un fait désagréable à constater que les gens qui ne font pas attention à leurs propres blessures et qui ne ressentent même pas la douleur provenant de ces blessures ne sont pas et ne seront jamais, à moins qu'un scientologue s'en occupe, des gens efficaces. Ce sont des dangers ambulants. Ils ne réagissent pas convenablement. Si une personne de cette espèce fait marcher une grue, que celle-ci échappe soudain à son contrôle et menace de lâcher son chargement sur un groupe d'hommes, le grutier sous-apathique laissera tout bonnement la grue larguer son chargement. Autrement dit, c'est un meurtrier en puissance. Il ne peut rien arrêter, rien changer ni rien mettre en route. Et pourtant, en se fondant sur des réflexes automatiques, il arrive parfois à garder un travail. Mais dès qu'il devra faire face à une urgence véritable, il ne réagira vraisemblablement pas comme il faut et des accidents s'ensuivront.

Les accidents qui se produisent dans l'industrie proviennent de ces gens qui se trouvent dans la gamme émotionnelle au-dessous de l'apathie. On constatera que les graves erreurs qui sont faites dans les bureaux d'affaires et qui coûtent aux entreprises beaucoup d'argent, du temps perdu et des difficultés dans le personnel proviennent uniformément de ces gens sous-apathiques. Aussi ne croyez pas qu'un de ces états où l'on est incapable d'éprouver quoi que ce soit, où l'on est insensible, où l'on ne ressent ni douleur ni joie, soit d'une utilité quelconque pour qui que ce soit, car il n'en est rien. Une personne dans cet état ne peut pas contrôler les choses, n'est pas en fait suffisamment « présente » pour être contrôlée par quelqu'un d'autre et agit de façon bizarre et imprévisible.

De même qu'elle peut être chroniquement plongée dans la sous-apathie, une personne peut tout aussi bien se trouver en apathie, ce qui est déjà bien assez dangereux mais qui est du moins exprimé. Ce n'est que lorsqu'une personne monte au niveau de l'apathie que le triangle d'A-R-C commence à se manifester et à devenir visible. On s'attend à une communication qui vient de la personne elle-même, et non de quelque « circuit » ou d'un « comportement type ».

Les gens peuvent éprouver chroniquement du chagrin, chroniquement de la peur, chroniquement de la colère, de l'antagonisme, de l'ennui, ou peuvent à vrai dire être « coincés dans l'enthousiasme ». Une personne vraiment capable est d'ordinaire relativement sereine. Elle peut néanmoins exprimer d'autres émotions. Ce serait une erreur de croire que la sérénité totale est d'une valeur réelle. Quand on ne peut pas pleurer dans une situation qui exige des larmes, on n'a pas pour ton chronique la sérénité. Cette sous-apathie peut être facilement confondue avec la sérénité, mais il est évident que seul l'observateur très peu entraîné s'y trompe. Il suffit de jeter un coup d'œil sur la condition physique de la personne pour faire la différence : les gens plongés dans la sous-apathie ont d'ordinaire une mauvaise santé.

Tout comme la gamme de l'échelle des tons que nous avons pour traiter du sujet de l'affinité, nous avons aussi une échelle qui s'applique à la *communication*. À chacune des émotions correspond un niveau de communication. En réalité, dans la sous-apathie, l'individu ne communique pas du tout. C'est quelque réaction sociale, quelque comportement type ou, comme on dit, quelque « circuit » qui communique. La personne elle-même ne semble pas être présente et n'est pas réellement en train de parler. Ses communications sont donc parfois bizarres, c'est le moins qu'on puisse dire. Elle fait et dit tout à contresens et à contretemps. Naturellement, lorsqu'une personne est « coincée » dans une bande de l'échelle des tons, que ce soit la sous-apathie, l'apathie, le chagrin, la peur, la colère, l'antagonisme, l'ennui, l'enthousiasme ou la sérénité, elle émet ses communications sur ce ton émotionnel. Une personne qui se met toujours en colère pour une raison ou pour une autre est coincée dans la colère. Cette personne n'est pas aussi mal en point que telle autre qui est en sous-apathie, mais elle n'en est pas moins dangereuse pour son entourage parce qu'elle va créer des difficultés et qu'une personne en colère n'a pas un bon contrôle des choses. La communication des gens aux divers niveaux de l'échelle des tons présente des caractéristiques bien fascinantes. Les gens tiennent des propos et s'occupent de la communication d'une manière distincte et caractéristique à chacun des différents niveaux de l'échelle des tons.

Tout comme pour l'affinité et la communication, il y a un niveau de *réalité* qui correspond à chacun des niveaux d'affinité. La réalité est un sujet passionnant puisqu'il traite surtout de *solides* relatifs.

Autrement dit, la solidité des choses et le niveau émotionnel des gens sont en rapport direct. Les gens qui sont en bas de l'échelle des tons ne peuvent pas tolérer les solides. Ils ne peuvent pas tolérer un objet solide ; cet objet n'est pas réel pour eux. Il est mince ou manque de poids. Au fur et à mesure qu'ils montent l'échelle, le même objet devient pour eux de plus en plus solide jusqu'à ce qu'ils puissent enfin le voir à son véritable niveau de solidité. En d'autres termes, ces gens ont une réaction à la masse qui est bien déterminée selon les différents points de l'échelle. Les choses peuvent leur paraître lumineuses ou très, très ternes. Si l'on pouvait regarder le monde avec les yeux d'une personne en sous-apathie, on verrait en effet un monde aqueux et peu épais, un monde de rêve, flou et irréel. Avec les yeux d'un homme en colère, on verrait un monde d'une solidité « menaçante », où tous les solides s'imposeraient par leur « brutalité » sans être toutefois suffisamment solides, réels ou visibles pour la personne en bon état. Une personne dans la sérénité peut voir les solides tels quels, avec la luminosité qu'ils ont, et peut tolérer sans réagir une lourdeur ou une solidité énorme. C'est dire qu'en montant l'échelle des tons du plus bas au plus haut niveau, on découvre que les choses deviennent de plus en plus solides et de plus en plus réelles.

L'affinité est très étroitement liée à l'*espace*. Effectivement, on pourrait définir l'affinité comme la « considération de distance », étant donné que des terminaux qui sont éloignés ou rapprochés ont des réactions d'affinité différentes d'une personne à l'autre.

La réalité, comme nous l'avons vu, est très étroitement liée aux *solides*.

La communication consiste en un *flux* d'idées ou de particules à travers l'*espace* qui se trouve entre des *solides*.

Bien que ces définitions puissent sembler très élémentaires et bien qu'elles ne puissent pas satisfaire un professeur de grande école, elles vont en fait beaucoup plus loin et renferment le domaine d'activité entier dudit professeur de grande école. Les vérités n'ont pas besoin d'être compliquées.

Comme on l'a longuement décrit et approfondi en Scientologie, il y a de nombreuses corrélations entre les espaces, les solides et les idées ou particules, puisqu'ils constituent les éléments les plus intimes de la vie et qu'ils composent l'univers qui nous entoure.

Mais l'essentiel à savoir concernant l'A-R-C, c'est tout simplement qu'il y a le ton émotionnel qui est affinité, la présence des choses qui est réalité et la relative aptitude à communiquer à propos d'elles.

Les hommes qui peuvent faire des choses ont une grande affinité ainsi qu'une grande réalité et sont très capables pour ce qui est de la communication. (Si vous désirez mesurer leurs diverses aptitudes, vous devez approfondir votre étude du sujet. Un livre entier, *Science de la survie*, a été consacré à ce triangle.)

Comment alors vous y *prendriez*-vous pour parler à un homme ?

Vous ne pourriez pas lui parler de façon satisfaisante si vous étiez vous-même dans un état de sous-apathie. En fait, vous ne lui parleriez pas du tout. Il vous faudrait avoir un peu plus d'affinité que cela pour discuter avec quelqu'un. Votre capacité de parler à un homme donné est fonction de votre réaction émotionnelle à l'égard de cet homme. Chacun a des réactions émotionnelles différentes à l'égard des diverses personnes qui l'entourent. Étant donné que, dans la communication, il s'agit toujours de deux terminaux (c'est-à-dire de deux *personnes*), on peut voir que l'un doit être quelque peu réel pour l'autre. Il est certain que si l'on se moque complètement des autres, on aura beaucoup de mal à leur parler. Pour parler à un homme, il faudrait donc trouver quelque chose à aimer chez lui et discuter d'une chose avec laquelle il peut être d'accord. C'est là qu'échouent la plupart des idées nouvelles : on n'est pas en train de discuter de sujets avec lesquels l'autre personne a le moindre point d'accord.

Cela nous amène à un dernier facteur concernant la réalité : ce avec quoi nous sommes d'accord a tendance à être plus réel que ce avec quoi nous ne sommes pas d'accord. Il y a une coordination bien établie entre l'accord et la réalité. Sont réelles les choses qui par notre accord sont réelles. Les choses qui par notre accord ne sont pas réelles, ne le sont pas. Nous avons fort peu de réalité sur les choses à propos desquelles nous ne sommes pas d'accord.

Une expérience fondée sur cette idée consisterait en une discussion, même joviale, entre deux hommes au sujet d'un troisième qui serait présent. Deux hommes tombent d'accord sur quelque chose dont le troisième ne saurait convenir. Le troisième va avoir une chute de ton émotionnel au point de devenir moins réel aux yeux des deux autres qui sont en train de discuter de lui.

Comment donc parler à un homme ?

Vous établissez la réalité en trouvant une chose avec laquelle vous êtes tous deux d'accord. Puis, sachant qu'il existe quelque chose que vous pouvez aimer chez lui, vous tentez de maintenir un niveau d'affinité aussi élevé que possible. Et c'est alors que vous pouvez parler avec lui. Si vous n'avez pas réuni les deux premières conditions, il est à peu près certain que la troisième ne sera pas présente non plus (ce qui revient à dire que vous n'arriverez pas à lui parler facilement).

En vous servant du triangle d'A-R-C, vous devriez vous rendre compte une fois de plus qu'une personne franchit les tons émotionnels l'un après l'autre lorsque la communication commence à se développer. Autrement dit, une personne qui était totalement apathique envers nous risque, en montant, de se mettre en colère contre nous à un moment donné. Si l'on persévère simplement pendant qu'elle traverse cette colère, elle va atteindre l'antagonisme, puis l'ennui et enfin l'enthousiasme, avec une compréhension et un niveau de communication parfaits.

Les mariages se défont tout simplement à cause d'un manque de communication, d'un manque de réalité et d'affinité. Lorsque la communication commence à faire défaut, l'affinité commence à baisser, les gens ont alors des secrets les uns envers les autres et l'affinité s'effondre complètement.

De même, dans un bureau ou dans une entreprise, il est très facile d'identifier les personnes dont les actes nuisent aux intérêts de la firme, puisqu'elles cessent progressivement – ou parfois même précipitamment – de communiquer avec l'entreprise. Le ton émotionnel qu'elles manifestent envers leurs supérieurs et envers leur entourage commence à baisser, et finalement, il s'effondre complètement.

On peut donc constater que le triangle d'A-R-C est étroitement lié à la capacité de contrôler et à celle de laisser sans contrôle. Lorsqu'un individu tente de contrôler quelque chose sans y réussir, il éprouve de l'antipathie pour cette chose. Autrement dit, il n'a pas eu raison, mais tort. Son intention a échoué et s'est pour ainsi dire retournée contre lui. De ce fait, au fur et à mesure qu'il tente de contrôler des choses sans y réussir, il va probablement descendre l'échelle des tons à propos de ces choses. Par conséquent, l'individu qui a été trahi par ses outils de travail tend à les traiter avec un niveau d'affinité en baisse. Il éprouve à leur égard de l'ennui, de l'antagonisme, de la colère et, à ce stade, les machines commencent à tomber en panne. Finalement, il a peur de ses outils, s'en attriste, devient apathique à leur propos et ne s'en soucie plus du tout et, à ce stade-là, il ne peut très certainement plus s'en servir. À la vérité, au-dessous du niveau de l'ennui, l'individu a une capacité de se servir de ses outils de travail uniformément réduite.

Comment pourrait-on, sachant cela, améliorer son aptitude à contrôler ses outils de travail sans même aller voir un scientologue ? Bien entendu, si un scientologue se chargeait de la situation, il pourrait faire recouvrer intégralement le contrôle des outils, d'un domaine ou de la vie. Mais à défaut de cela, comment pourrait-on manier avec simplicité les éléments précis avec lesquels on est à l'heure actuelle en contact direct ?

En se servant de l'A-R-C, on pourrait recouvrer, dans une certaine mesure, à la fois son contrôle des outils et son enthousiasme pour le travail. On y arriverait en communiquant et en découvrant qu'on veut bien que ces outils et que les gens dans son entourage soient réels ou solides.

Un individu pourrait récupérer son aptitude à manier ses outils proches simplement en les *touchant* et en les *lâchant* tour à tour. Cela pourrait paraître plutôt inutile et il risque d'atteindre le niveau de l'ennui et d'être ennuyé par le procédé. La récompense qui consiste à devenir enthousiaste se trouve juste au-dessus de ce niveau.

Il peut paraître très bizarre que le simple fait pour quelqu'un de toucher et de lâcher sa voiture, de la toucher et de la lâcher, la toucher et la lâcher, la toucher et la lâcher, peut-être pendant quelques heures, lui ferait retrouver non seulement son enthousiasme pour la voiture, mais aussi une immense aptitude à contrôler la voiture, aptitude qu'il n'avait jamais soupçonné avoir.

Cela peut paraître singulier, mais si on faisait en sorte qu'un agent comptable prenne et repose son crayon ou son stylo, pendant quelques heures, il retrouverait son aptitude à le manier et il améliorerait sa capacité de faire des calculs. Et si on l'amenait à toucher et à lâcher son livre de comptes pendant un certain temps, il serait plus capable de s'occuper de ce livre et il ferait beaucoup moins d'erreurs.

On peut procéder de façon similaire avec les gens en communiquant avec eux, puisqu'ils font souvent objection à ce qu'on les touche. Si l'on communique vraiment et si l'on communique bien avec ces gens – si on écoute ce qu'ils ont à dire, qu'on en accuse réception, et si on exprime assez souvent et avec assez de douceur ce qu'on a à leur dire pour qu'ils le reçoivent véritablement – on recouvrera très sensiblement son aptitude à s'associer avec les gens dans son proche entourage et à coordonner leurs actions.

Voici donc l'A-R-C directement adaptée au travail.

Cela paraît magique ? C'est magique ! C'est la Scientologie.

« Si l'on communique vraiment et si l'on communique bien avec ces gens... on recouvrera très sensiblement son aptitude à s'associer avec les gens dans son proche entourage et à coordonner leurs actions. »

CHAPITRE SEPT

L'ÉPUISEMENT

L'ÉPUISEMENT

TRAVAILLER OU NE PAS travailler, c'est là la question. Dans l'esprit de la plupart des gens, la réponse à cette question est l'ÉPUISEMENT.

Après avoir eu longtemps le même travail, dans lequel il a été considérablement malmené, un homme commence à sentir que la poursuite de son travail est tout à fait au-delà de ses forces. Il est fatigué. La seule pensée de faire certaines choses le fatigue. Il songe à augmenter son énergie ou à s'efforcer de tenir le coup un peu plus longtemps. Et en pensant ainsi, il ne cherche pas dans la bonne direction, car la réponse à l'épuisement a fort peu, sinon rien, à voir avec l'énergie.

L'épuisement est un sujet d'une grande importance, non seulement pour l'individu occupé à gagner sa vie, mais aussi pour l'État.

La Scientologie a établi de manière définitive que la déchéance de l'individu s'amorce au moment même où il n'est plus capable de travailler. Pour rabaisser ou bouleverser un individu, il suffit de l'empêcher de travailler. Même la police a maintenant reconnu le principe de Scientologie fondamental qui veut que le principal défaut d'un criminel soit son *incapacité de travailler*. Elle a commencé à rechercher ce facteur chez l'individu pour déceler sa criminalité.

Pour ce qui est de la délinquance juvénile, la difficulté fondamentale réside dans le programme naguère d'apparence humanitaire qui consistait à interdire tout travail aux enfants. Il n'y a pas de doute qu'on a autrefois abusé du travail des enfants qu'on forçait à travailler trop dur, dont on empêchait la croissance et, d'une manière générale, qu'on exploitait. On peut par contre douter que le tristement célèbre monsieur Marx ait jamais vu, en Amérique, de jeunes garçons retirés des machines, tués par le travail et jetés au dépotoir. Les abus à cet égard ont soulevé un tollé général aboutissant à l'adoption de lois pour empêcher les enfants de travailler.

Votées avec les meilleures intentions du monde, ces lois n'en sont pas moins directement responsables de la délinquance juvénile. Interdire aux enfants de travailler et, en particulier, interdire aux adolescents de faire leur chemin dans le monde et de gagner leur propre argent, c'est créer des difficultés familiales telles qu'il devient quasiment impossible d'élever une famille. C'est créer, également et en particulier, cette mentalité chez l'adolescent selon laquelle « le monde ne veut pas de lui », et ainsi il a déjà perdu son jeu avant même de l'entamer. Puis, placé devant un service militaire obligatoire qui lui ôte tout courage de se lancer dans une carrière, l'adolescent est bien entendu plongé dans une sous-apathie profonde à propos du travail. Lorsque, enfin, il se trouve devant la nécessité de faire son propre chemin dans le monde, il monte jusqu'à l'apathie et ne fait rien à ce propos.

Ce fait est clairement confirmé par la constatation que nos plus grands citoyens ont, d'ordinaire, travaillé dès leur jeunesse. Dans la civilisation anglo-américaine, les plus grands efforts fournis l'ont été par des garçons qui dès l'âge de douze ans avaient à la ferme leurs propres tâches et une place bien déterminée dans le monde.

Les enfants sont, en général, très désireux de travailler. On découvre habituellement que l'enfant de deux, trois ou quatre ans assiège son père ou sa mère pour essayer d'aider avec des outils ou un chiffon à poussière. Et le parent bienveillant, qui aime réellement les enfants, réagit d'une manière raisonnable et jadis normale qui consiste à être assez patient pour permettre à l'enfant d'aider véritablement. Avec cette permission, un enfant se fait l'idée que sa présence et son activité sont désirées et il se lance très calmement dans une carrière aux nombreuses réalisations. Par contre, l'enfant dont on fausse ou force la nature pour suivre une certaine carrière sans lui permettre d'aider au cours de ses premières années, grandit convaincu qu'on ne veut pas de lui et que le monde n'a pas de place pour lui. Et plus tard, il va rencontrer des difficultés certaines à propos du travail.

Pourtant, dans notre société moderne, l'enfant qui à l'âge de trois ou quatre ans veut travailler en est découragé et même empêché. Puis, après avoir été forcé de rester oisif jusqu'à l'âge de sept, huit ou neuf ans, il est ensuite chargé subitement de certaines corvées ménagères. Cet enfant est déjà habitué au fait qu'il « ne doit pas travailler », de sorte que l'idée de travailler appartient à un domaine où il « sait qu'il n'a pas sa place » et, de ce fait, il se sent toujours mal à l'aise lorsqu'il accomplit diverses tâches. Une fois adolescent, il va être activement empêché d'obtenir le genre de travail qui lui permettrait de s'acheter les vêtements et d'offrir à ses amis les cadeaux qu'il croit exigés de lui. Il va finir par avoir le sentiment de ne pas faire partie de la société. N'en faisant pas partie, il s'y oppose alors et ne désire plus que des activités destructrices.

Le thème de l'épuisement est également le thème du « travail empêché ». Dans le cas des soldats et des marins hospitalisés lors d'une des récentes guerres, on a découvert qu'un séjour de quelques mois à l'hôpital a tendance à briser le moral du soldat ou du marin à tel point qu'il risque de devenir un atout d'une valeur douteuse pour l'unité qu'il rejoint ensuite. Cela n'est pas forcément la conséquence d'une diminution de ses capacités ; c'est le résultat d'une blessure compliquée par l'inactivité. On trouvera que le soldat blessé qui est soigné dans une antenne médicale près du « front » et qui rejoint son régiment dès que possible, gardera dans une large mesure son moral. Bien sûr, la blessure qu'il a reçue a tendance à l'éloigner du niveau d'action qu'il estimait autrefois le meilleur. Il est néanmoins en meilleur état que le soldat transporté à l'hôpital vers « l'arrière ».

Le soldat envoyé à l'hôpital loin du front a l'impression, de son propre point de vue, qu'on lui dit qu'il n'est pas spécialement nécessaire à la guerre.

Sans réellement tenir compte de ces principes, le mot « épuisement » est entré dans le langage courant associé au mot « névrose ». Cela vient du fait que les gens atteints d'une névrose ont tout simplement l'air d'être épuisés ; le lien ne va pas plus loin. À la vérité, la personne qui se voit refuser le droit au travail, et en particulier celle qui a été blessée puis privée du droit au travail, finira par connaître l'épuisement.

Sur le plan technique, on a découvert en Scientologie qu'il n'existe pas de « diminution graduelle de l'énergie de l'individu suite à un contact continu ». On ne s'épuise pas simplement parce qu'on a travaillé trop longtemps ou trop dur ; on s'épuise quand on a travaillé suffisamment longtemps pour réactiver une vieille blessure. L'« épuisement » va être une des caractéristiques de cette blessure. L'épuisement chronique n'est donc pas le résultat de longues heures d'application pénible. C'est le produit de l'accumulation de blessures et de chocs liés à la vie, chacun ne durant peut-être que quelques secondes ou quelques heures et l'ensemble ne totalisant sans doute que cinquante ou soixante-quinze heures. Mais cette accumulation – l'accumulation de blessures, de répulsions et de chocs – n'en aboutit pas moins à une incapacité complète d'agir.

L'épuisement peut donc soit être inculqué à une personne en lui refusant en tant qu'enfant de prendre part à la société, soit être imposé à une personne par les divers chocs ou blessures qu'elle pourrait recevoir au cours de ses activités. Éliminer l'un ou l'autre de ces deux points, c'est éliminer l'épuisement. L'épuisement est donc vraiment du ressort d'un praticien de la Scientologie, car seul un scientologue peut s'occuper convenablement de l'épuisement.

Il existe pourtant un stade au-dessous de l'épuisement, celui où l'on ne sait plus qu'on est fatigué. Un individu peut devenir une sorte de pantin frénétique qui continue à travailler, sans même se rendre compte qu'il est en train de travailler, jusqu'au moment où il s'effondre soudain à cause d'une fatigue qu'il ne ressentait pas. Une fois de plus, voilà la zone de sous-apathie de l'échelle des tons.

Nous voilà donc revenus au thème du contrôle. L'individu ici n'a pas réussi à contrôler des choses, a essayé de le faire, pour ensuite tomber sur l'échelle des tons dans la zone de sous-apathie. Il finit par devenir incapable de manier tout ce qui ressemble un tant soit peu à des outils de métier ou à un milieu de travail, et de ce fait il est incapable de demeurer dans un tel milieu ou de manier de tels outils. C'est alors que l'individu risque d'essuyer de nombreux reproches. Il peut être taxé de « paresseux », de « vaurien », de « criminel », mais en fait, il n'est pas plus capable de redresser sa propre condition – sans une aide experte – qu'il ne l'est de plonger jusqu'au centre de la Terre.

Il existe des moyens de recouvrer la verve et l'enthousiasme qu'on a pour le travail, sans toutefois avoir une collaboration étroite avec un praticien de la Scientologie. Ces moyens sont relativement simples et très faciles à comprendre.

Nous avons, en Scientologie, une chose que nous appelons l'INTROVERSION.

Nous en avons une autre que nous appelons l'EXTRAVERSION.

L'introversion est quelque chose de simple et veut dire que l'on regarde « trop vers l'intérieur ».

L'extraversion est aussi une chose simple et veut dire seulement que l'on est « capable de regarder le monde extérieur ».

On pourrait dire qu'il y a des « personnalités introverties » et des « personnalités extraverties ». La personnalité extravertie est celle qui peut regarder ce qui est autour d'elle. La personnalité introvertie ne peut regarder qu'au-dedans d'elle-même.

L'examen de l'échelle des tons de l'A-R-C nous permet de constater aussitôt que la personnalité introvertie esquive les solides. Autrement dit, elle ne fait pas face à la réalité. La réalité, c'est l'*accord* sur le plan mental et ce sont les *solides* sur le plan physique.

« On pourrait dire qu'il y a des "personnalités introverties"
et des "personnalités extraverties". »

La personne capable de regarder le monde qui l'entoure et de le voir tout à fait réel et lumineux est, bien entendu, dans un état d'extraversion. En d'autres termes, elle peut « regarder au-dehors ». Elle peut travailler aussi. Elle peut également voir des situations, diriger et contrôler ce qu'il lui *faut* diriger et contrôler, et se tenir à l'écart pour observer les choses qu'elle n'a *pas* à contrôler et de ce fait s'y intéresser.

La personne introvertie est celle qui est probablement allée au-delà de l'épuisement depuis quelque temps déjà. Elle a centré son attention de plus en plus près d'elle (fondamentalement, à cause de vieilles blessures capables d'avoir encore une emprise sur elle), à tel point qu'elle finit en fait par regarder vers l'intérieur et non plus vers l'extérieur. Elle est alors en train d'esquiver les objets solides. Elle ne voit de réalité ni chez les autres ni dans les choses qui l'entourent.

Prenons maintenant le thème du travail lui-même.

Le travail est « l'application de l'attention et de l'action à des gens ou à des objets situés dans l'espace ».

Lorsqu'une personne ne peut plus faire face aux gens, aux objets ou à l'espace dans lequel ils se trouvent, elle commence à se sentir « perdue » et à se mouvoir comme dans un état de brouillard. Pour elle, les choses ne sont pas réelles et elle est relativement incapable de contrôler les choses qui l'entourent. Elle a des accidents, de la malchance, des choses qui se retournent contre elle tout simplement parce qu'elle ne les dirige pas, ne les contrôle pas ou ne les observe même pas correctement. L'avenir semble très sombre à cette personne, à tel point que parfois elle ne peut pas y faire front. On pourrait dire qu'une telle personne est gravement introvertie.

Au travail, son attention se rive sur des objets qui se trouvent habituellement, tout au plus, à un mètre d'elle. Cette personne accorde le plus d'attention aux articles à portée de sa main, ce qui détourne son attention de l'extraversion et la centre sur quelque point juste devant son visage. Son attention s'y fixe.

Si cette fixation coïncide avec une vieille blessure, un incident ou une opération, il y a des chances pour que la personne fixe son attention également sur quelque point du passé et qu'elle en soit *restimulée*, si bien qu'elle retrouve les douleurs, les maux et le sentiment de lassitude, d'apathie ou de sous-apathie éprouvés pendant le moment de blessure en question. Étant donné que son attention s'y trouve rivée de façon continuelle, elle a bien entendu tendance à ne plus regarder *que* ce point, même lorsqu'elle n'est pas au travail.

Prenons l'exemple d'un agent comptable dont le regard se porte sur des livres tenus à une distance fixe de ses yeux. Il se retrouve avec la « vue courte ». En réalité, il n'a pas la vue courte, il a la vue « livresque ». Ses yeux se fixent le plus aisément sur un point à une certaine distance. En *y* fixant son attention, il a tendance à se retirer même de *ce* point-là, jusqu'à ce qu'il ne puisse plus tout à fait atteindre ses propres livres de comptes. C'est alors qu'on lui fait porter des lunettes pour qu'il puisse voir plus clairement ses comptes. Sa vue et son attention sont pratiquement la même chose.

Une personne qui se tient continuellement à une distance fixe d'une machine, de livres ou d'objets quitte son travail, mais tend à maintenir son attention fixée exactement à la même distance qu'au travail. Autrement dit, son attention ne quitte jamais vraiment son travail. Bien que la personne rentre à la maison, elle est en réalité encore « assise au bureau ». Son attention est toujours fixée sur ce qui l'entoure au travail. Si ce qui l'entoure coïncide avec quelque blessure ou accident (et qui n'en a pas eu au moins un ?), elle se met à ressentir de la lassitude ou de la fatigue.

Y a-t-il un remède à cela ? Bien entendu, seul un praticien de la Scientologie pourrait résoudre entièrement cette difficulté. Mais le travailleur lui aussi peut faire quelque chose.

Que l'on soit donc comptable, expert-comptable, employé de bureau, cadre supérieur ou ouvrier mécanicien, voici ce qu'il ne faut *pas* faire : il ne faut pas quitter son travail, rentrer à la maison, s'asseoir et fixer son attention sur un objet qui se trouve plus ou moins à la même distance que celui auquel on fait continuellement face au travail.

Un contremaître, par exemple, qui parle toute la journée à des hommes qui se trouvent à une certaine distance de lui, ne doit pas rentrer chez lui et parler à sa femme à la même distance. Autrement, elle se retrouvera rapidement en train de recevoir des ordres comme si elle faisait partie de l'équipe de son atelier !

Ce qu'il ne faut vraiment pas faire, c'est rentrer chez soi et s'asseoir pour lire son journal, dîner et se coucher. Si un homme suivait la routine qui consiste à travailler toute la journée, puis à s'asseoir pour « se reposer » le soir avec un livre ou un journal, il est certain que, tôt ou tard, il commencerait à se sentir épuisé. Puis après un certain temps, il tomberait encore plus bas et ne s'étonnerait même pas de sa réticence à accepter d'exécuter des tâches qu'il trouvait autrefois très faciles.

Y a-t-il quelque chose de *correct* à faire ? Oui, c'est certain. L'individu qui est continuellement fixé sur quelque objet dans son travail devrait, *après* les heures de travail, fixer son attention ailleurs.

Voici un procédé qui s'appelle

FAIRE UNE PROMENADE.

Ce procédé est très simple à mettre en pratique.

Lorsqu'on se sent fatigué à la fin de son travail – même si on est presque prêt à s'écrouler à la simple pensée d'agir ainsi – on doit sortir *faire une promenade dans le quartier* jusqu'à ce qu'on se sente reposé. On doit, en somme, faire une promenade dans le quartier et *regarder* les choses jusqu'à ce qu'on *voie* celles auprès desquelles on marche. Peu importe la longueur de la promenade, on doit continuer à marcher jusqu'à ce qu'on se sente mieux.

On découvrira, chemin faisant, qu'on commence tout d'abord par se ranimer puis qu'on devient beaucoup plus fatigué. On deviendra suffisamment fatigué pour « savoir » à ce moment-là qu'il est temps d'aller se coucher et d'avoir une bonne nuit de sommeil.

Mais ce n'est *pas* du tout le moment d'arrêter de marcher puisqu'on est alors en train de traverser l'épuisement. On est en train d'en « venir à bout » en marchant. On n'est pas en train de résoudre l'épuisement par de l'exercice physique. L'exercice physique a toujours semblé être le facteur le plus important pour les gens, mais l'exercice en soi est relativement peu important. Ce qui importe, c'est de détacher son attention de son travail pour la reporter sur le monde matériel dans lequel on vit.

Les masses sont la réalité. Pour augmenter son affinité et sa communication, il est effectivement nécessaire de pouvoir faire face aux masses et de pouvoir les tolérer. Pour cette raison, on découvrira que faire une promenade dans le quartier et regarder les immeubles fait s'élever sur l'échelle des tons. Lorsqu'on est fatigué au point d'avoir du mal à se traîner ou au point d'être, par nervosité, incapable de se reposer, il faut vraiment faire face aux masses. On se trouve tout simplement en bas de l'échelle des tons. Il est douteux qu'une soi-disant « chute d'énergie physique » existe. Naturellement, il y a une limite à ce procédé. On ne peut pas travailler toute une journée, faire une promenade toute la nuit et aller ensuite au travail le lendemain en espérant toujours se sentir soulagé. Mais on devrait très certainement passer du temps à s'extravertir après s'être introverti toute la journée.

Faire une promenade est, toutes proportions gardées, presque une panacée.

Si un homme ressent de l'antagonisme envers son épouse, la chose à faire n'est pas de « la battre » ! Il devrait plutôt sortir faire une promenade dans le quartier jusqu'à ce qu'il se sente mieux, et il devrait faire faire à sa femme une promenade dans la direction opposée jusqu'à ce qu'ils arrivent à s'extravertir de la situation, car on découvrira que toutes les querelles de ménage, notamment chez les travailleurs, proviennent du fait que l'individu a été trop fixé (plutôt que trop tendu) sur son travail et sur les situations qui s'y rattachent. Il n'a pas réussi à contrôler certains éléments dans son milieu de travail. Il rentre alors à la maison en quête de quelque chose qu'il *peut* bel et bien contrôler. Il tombe le plus souvent sur son conjoint ou sur les enfants. Et lorsque, là encore, il ne réussit pas, il risque de dégringoler en bas de l'échelle de plus belle.

L'extraversion de l'attention est tout aussi nécessaire que le travail. Il n'y a, en fait, rien de mal à introvertir l'attention ou à travailler. Si on n'avait rien qui retienne l'intérêt, on se détraquerait complètement. Mais si on travaille, on constatera qu'une fatigue peu naturelle risque d'apparaître. Lorsque c'est le cas, le remède n'est pas de « sombrer dans l'inconscience » pour quelques heures – comme en dormant – mais d'extravertir véritablement son attention, puis de trouver un sommeil *réellement* réparateur.

Ces principes d'introversion et d'extraversion ont de nombreuses ramifications. Bien que Faire une promenade soit d'une simplicité presque risible, il y a beaucoup de procédés plus complexes pour qui souhaiterait compliquer les choses. Cependant, Faire une promenade écartera, dans la plupart des cas, un grand nombre des difficultés qui accompagnent le travail.

N'oubliez pas, chemin faisant, qu'on devient d'abord beaucoup plus fatigué et qu'on est ragaillardi ensuite. Ce phénomène a été remarqué par des athlètes. On l'appelle le « second souffle ». Le second souffle consiste en réalité à s'approprier assez d'environnement et assez de masse pour « dissiper » l'épuisement survenu dans la course précédente. Le second souffle tel quel n'existe pas. Par contre, il existe bien un retour à l'extraversion dans le monde physique où l'on vit.

Il y a un autre procédé similaire à Faire une promenade, connu sous le nom de

REGARDEZ-LES.

Si on a passé toute la journée à s'entretenir avec des gens, à leur vendre quelque chose ou à s'occuper de gens difficiles, ce qu'il ne faut *pas* faire, c'est fuir tous les gens au monde.

Comprenez que la personne qui devient trop tendue en s'occupant de gens a déjà eu de grandes difficultés *avec* les gens. Peut-être s'est-elle fait opérer par des médecins et la vision qu'elle a entrevue d'eux debout autour de la table d'opération fait assimiler « tout le monde » (c'est-à-dire les gens qui sont debout sans bouger) aux « médecins ».

Soit dit en passant, c'est une des raisons pour lesquelles les médecins se font si profondément haïr dans une société, car ils tiennent à tout prix à user de pratiques portant les noms de chirurgie et d'anesthésie et provoquent des incidents sur lesquels viennent se joindre des incidents de tous les jours.

L'épuisement au contact des gens indique en fait que l'« avoir » (autre terme en Scientologie pour désigner la « réalité ») des gens a été réduit. L'attention s'est fixée sur certaines personnes alors qu'on croyait devoir porter son attention sur d'autres personnes. Cette tension de l'attention a effectivement restreint le nombre de personnes observées. La fixation de l'attention sur un petit nombre de personnes peut alors limiter le nombre des personnes qu'on peut « avoir » (ce qui revient à dire qu'elle limite la réalité qu'on a des gens en général).

Le remède est très simple. Il faudrait se rendre dans un lieu très fréquenté – tel qu'une gare ou une grande avenue – et tout simplement s'y promener à pied en observant les gens. Il suffit de *regarder les gens,* voilà tout. On découvrira, au bout d'un certain temps, qu'on pense que les gens « ne sont pas si méchants que ça » et on adoptera alors une attitude beaucoup plus aimable envers les autres. Plus important encore, la situation suscitée par le travail où on est trop tendu avec les gens tendra à s'estomper si on prend l'habitude d'agir ainsi tous les jours en fin d'après-midi pendant quelques semaines.

C'est l'un des procédés les plus habiles qu'un vendeur puisse utiliser, car il a plus que quiconque intérêt à savoir s'y prendre avec les gens et à les amener à faire précisément ce qu'il désire les voir faire (à savoir qu'ils achètent ce qu'il a à vendre). En fixant son attention sur un client de trop, il se lasse à la seule idée de parler aux gens ou de faire de la vente et commence à descendre l'échelle des tons dans toutes ses activités et affaires, jusqu'à ce qu'il se considère comme un « escroc » et qu'il finisse à la longue par se déconsidérer complètement. Le vendeur, tout comme les autres, devrait tout simplement trouver des lieux fréquentés et s'y promener en regardant les gens. Il découvrira, au bout d'un certain temps, que les gens existent réellement et qu'ils ne sont pas si méchants que ça.

Ce qui arrive aux gens haut placés dans un gouvernement, c'est qu'ils sont constamment « protégés » du peuple à tel point qu'ils se dégoûtent à la longue de toute l'affaire et risquent ainsi de faire toutes sortes de choses bizarres. (Voir les vies de Hitler et de Napoléon.)

Ce principe d'introversion et d'extraversion pourrait avoir dans une société une portée bien plus grande que celle qu'il a actuellement. Le gouvernement et les entreprises pourraient prendre des mesures qui extirperaient probablement l'idée de grèves et augmenteraient très sensiblement la production. Les ouvriers en grève sont d'ordinaire moins mécontents des « conditions de travail » que du travail en tant que tel. Ils ont le sentiment d'être des victimes. Ils sont obligés de travailler à des moments où ils n'en ont pas envie, si bien qu'une grève vient leur apporter un soulagement réel. Enfin ils peuvent se battre, enfin ils peuvent faire autre chose que bricoler une machine ou fignoler des livres de comptes. Des ouvriers insatisfaits donnent des ouvriers en grève. Si les gens s'épuisent au travail, si les gens sont mécontents du travail, si les gens sont perturbés par le travail, ils trouveront à coup sûr assez de revendications pour faire grève. Et si la direction d'une entreprise rencontre assez d'ennuis et assez peu de coopération de la part des gens aux rangs inférieurs de la hiérarchie, il est certain que cette direction créera, tôt ou tard, des situations qui inciteront les ouvriers à faire grève. Autrement dit, les mauvaises conditions de travail ne sont pas la vraie source des disputes et conflits ouvriers. Les *vraies* causes des difficultés ouvrières sont plutôt une lassitude qui vient du fait même de travailler ou une incapacité de contrôler la zone et le milieu de travail.

Toute direction d'entreprise qui a des revenus suffisants pour se le permettre paiera des salaires décents si elle n'est pas terriblement aberrée. Et tout travailleur qui en a la possibilité, s'acquittera allègrement de ses responsabilités. Mais une fois que l'environnement devient trop tendu, une fois que l'entreprise elle-même s'est introvertie à cause de méfaits commis par le gouvernement, une fois que les travailleurs ont vu qu'ils n'ont aucun contrôle sur la direction, des conflits ouvriers peuvent, dès lors, se produire. Cependant, tous ces principes évidents reposent sur les principes de l'introversion et de l'extraversion. Les ouvriers s'introvertissent tant à leur tâche qu'ils ne peuvent plus ressentir d'affinité pour leurs chefs et ne sont plus capables de regarder effectivement ce qui les entoure au travail.

Ainsi, quelqu'un peut survenir et dire aux ouvriers que « tous les cadres sont des ogres », ce qui n'est manifestement pas vrai ; et au niveau de la direction, quelqu'un peut se présenter et leur dire que « tous les ouvriers sont des ogres », ce qui est tout aussi faux.

Faute de traitement généralisé et appliqué à chaque individu, ce qui constitue une tâche gigantesque, on pourrait mettre sur pied un programme complet qui tiendrait compte du principe de l'introversion. Il est certain que si les ouvriers ou les directeurs deviennent assez introvertis, ils vont trouver le moyen d'inventer des jeux aberrants – tels que les grèves – et vont de ce fait perturber la production, les relations et les conditions de vie acceptables au sein de l'usine, du bureau ou de l'entreprise.

Le remède serait d'extravertir les travailleurs sur une très grande échelle. Une formule, par exemple, serait d'offrir à tous les ouvriers la possibilité d'avoir deux emplois. Il incomberait alors à l'entreprise ou aux parties intéressées – le gouvernement, par exemple – de mettre à la disposition des travailleurs un nombre suffisant d'« activités d'utilité publique » pour leur fournir du travail hors du domaine d'action qui leur est propre. En d'autres termes, un homme tenu de travailler tout le temps à l'*intérieur* et penché sur une tâche très fixe, éprouverait un immense soulagement s'il pouvait sortir travailler *en plein air* – surtout à une tâche *sans rapport* avec sa première fonction.

À titre d'exemple, un agent comptable se détendrait considérablement à creuser des fossés pendant quelque temps. Un ouvrier mécanicien qui fait marcher une machine fixe se réjouirait de conduire un bulldozer.

Un tel projet tiendrait généreusement compte de l'*introversion* et de l'*extraversion* et en mettrait donc le principe à exécution. Les ouvriers qui travaillent dans des attitudes figées, leur attention sur un objet tout proche, auraient ainsi la possibilité de regarder plus loin et de s'occuper de choses qui tendent à les extravertir. Il est certain qu'un tel programme, quoique très ambitieux, aboutirait à de meilleures relations entre la main-d'œuvre et le patronat, à une production accrue et à une diminution considérable des tensions sociales au sujet des emplois et des salaires.

Il y a, somme toute, de nombreux moyens de mettre en œuvre le principe fondamental d'introversion/extraversion.

Ce principe est très simple. Lorsqu'un individu est amené à trop s'introvertir, les choses qui l'entourent deviennent moins réelles, il ressent moins d'affinité pour elles et il ne peut plus bien communiquer avec elles. En outre, ce qui *parvient* à communiquer avec lui a tendance à le faire en fonction de sa position abaissée sur l'échelle des tons tant et si bien qu'il va mal saisir jusqu'aux bonnes nouvelles. Dans un tel état, il se fatigue facilement. L'introversion aboutit à la lassitude, à l'épuisement puis à une incapacité de travailler. Le remède est l'extraversion, où l'on regarde bien et où l'on communique avec un environnement plus étendu. À moins qu'on utilise ce remède, comme tout travailleur est susceptible d'avoir des blessures ou des maladies d'un genre ou d'un autre, une spirale descendante s'ensuivra, rendant le travail de moins en moins agréable, si bien qu'un jour il ne sera plus faisable. Et on aura jeté la base d'une société non seulement improductive, mais criminelle.

CHAPITRE HUIT

L'HOMME
QUI RÉUSSIT

L'HOMME QUI RÉUSSIT

Les conditions de la réussite sont peu nombreuses et faciles à énumérer.

On ne peut pas vraiment s'assurer longtemps un emploi avec la seule aide du sort ou du hasard. Ceux qui s'en remettent à la chance font en général l'expérience de la malchance.

L'aptitude d'une personne à s'assurer un travail repose surtout sur ses capacités. Il faut pouvoir contrôler son travail et pouvoir être contrôlé pendant son travail. Il faut aussi pouvoir laisser certaines zones sans contrôle. L'intelligence est directement liée aux aptitudes. Il est impossible d'être trop intelligent. Il est, par contre, fort possible d'être trop stupide.

Mais on pourrait être capable et intelligent sans réussir pour autant. Un aspect vital de la réussite consiste en la capacité de diriger et de contrôler, non seulement les outils de son métier, mais les gens dont on est entouré. Pour ce faire, il faut être capable d'un très haut niveau d'affinité, il faut pouvoir tolérer des réalités massives et il faut également pouvoir donner et recevoir des communications.

Voici donc les ingrédients de la réussite : d'abord, l'aptitude à faire face au travail avec joie et non avec horreur ; le désir de travailler pour travailler, non parce qu'il « faut gagner sa vie ». On doit pouvoir travailler sans se surmener ou sans sombrer dans un épuisement profond. Si on tombe dans un de ces états, il y a quelque chose qui ne va pas chez soi. Il y a quelque élément de l'environnement qu'on devrait contrôler mais qu'on ne contrôle pas. Ou bien l'accumulation de ses blessures est telle qu'on esquive tous les gens et toutes les masses avec lesquels on devrait être en contact étroit.

Voici les ingrédients d'un travail réussi : une formation et une expérience dans le domaine en question, un bon niveau général d'intelligence et d'aptitude, une capacité d'avoir une grande affinité, une tolérance de la réalité et la capacité de communiquer et de recevoir des idées.

Doté de ces qualités, on n'a qu'une faible chance d'échouer et on peut se désintéresser de tous les aléas de la naissance, du mariage ou de la fortune, car ceux-ci ne peuvent pas mettre à sa disposition ces ingrédients nécessaires.

On pourrait avoir tout l'argent du monde et être cependant incapable d'abattre une heure de travail honnête. Un homme dans une telle situation serait terriblement malheureux.

La personne qui évite soigneusement de travailler œuvre d'ordinaire bien plus longtemps et beaucoup plus durement que celle qui fait allégrement face au travail et l'accomplit. Les hommes qui ne peuvent pas travailler ne sont pas heureux.

Le travail est la donnée stable de notre société. Si on n'a rien à faire, on n'a pas de raison d'être. L'homme qui ne peut pas travailler est presque sans vie ; d'habitude, il préfère la mort et œuvre pour l'atteindre.

Grâce à la Scientologie, les mystères de la vie ne sont plus à l'heure actuelle très mystérieux. Le mystère n'est plus un ingrédient indispensable. Seul l'homme extrêmement aberré souhaite que de grands secrets soient gardés hors de sa portée. La Scientologie a brisé beaucoup des complexités érigées pour l'Homme et a dévoilé le fond de ces problèmes. La Scientologie, pour la première fois dans l'histoire de l'humanité, peut de façon prévisible augmenter l'intelligence, accroître l'aptitude et faire revenir la capacité de jouer un jeu et elle permet à l'Homme de se soustraire à la spirale descendante de ses propres incapacités. Le travail lui-même peut ainsi devenir de nouveau une partie de plaisir et de bonheur.

Une des choses apprises en Scientologie est d'une très grande importance pour l'état d'esprit du travailleur. On a très souvent l'impression, dans la société, qu'on travaille pour gagner tout de suite de l'argent et qu'on ne procure rien d'important à la société dans son ensemble. On ignore pourtant plusieurs choses : l'une d'entre elles est que les bons travailleurs sont *peu* nombreux. Il est intéressant de noter, au niveau des cadres, combien toute grande entreprise trouve *précieux* l'homme capable de prendre en main et de contrôler les tâches et les hommes. De telles personnes sont rarissimes. Dans la hiérarchie du monde du travail quotidien, tout l'espace inoccupé se trouve au sommet.

Il y a une autre chose très importante, à savoir que le monde actuel a été amené – par des philosophies mentales conçues pour le trahir – à croire que lorsqu'on meurt, c'est la fin de tout et qu'on n'a plus aucune responsabilité. Il est extrêmement douteux que cela soit vrai. On héritera demain de ce qu'on a quitté en mourant hier.

Une autre chose que nous savons, c'est que les hommes sont indispensables. Les philosophies désuètes ont un mécanisme qui consiste à dire aux hommes que « s'ils s'estiment indispensables, ils n'ont qu'à aller faire un tour au cimetière et bien regarder : ces hommes-là aussi étaient indispensables ». C'est là la plus grande sottise. Si l'on examinait attentivement le cimetière, on y découvrirait le mécanicien qui naguère lançait les modèles et sans qui il n'y aurait pas d'industrie aujourd'hui. Il est douteux qu'un tel exploit soit en cours de réalisation à l'heure actuelle.

Le travailleur n'est pas uniquement un travailleur ; le manœuvre n'est pas uniquement un manœuvre ; l'employé de bureau n'est pas uniquement un employé de bureau. Ils sont des piliers importants qui vivent et qui respirent et sur qui repose tout l'édifice de notre civilisation. Ils ne sont pas les rouages d'une puissante machine. Ils sont la machine elle-même.

Nous sommes arrivés à un bas niveau dans l'aptitude à travailler. Le fonctionnement de tout un bureau ne s'appuie bien souvent que sur une ou deux personnes et tout le reste du personnel ne fait en apparence qu'ajouter à la complexité des affaires du service. Le progrès des pays est tributaire de la production d'un petit nombre d'usines. C'est comme si la cohésion du monde n'était assurée que par une poignée d'hommes résolus qui, en travaillant d'arrache-pied, pourraient continuer à faire tourner le reste du monde.

Mais peut-être n'y parviendront-ils pas.

C'est à ces derniers que ce livre est dédié.

« C'est comme si la cohésion du monde
n'était assurée que par une poignée d'hommes
résolus qui, en travaillant d'arrache-pied,
pourraient continuer à faire tourner
le reste du monde. Mais peut-être n'y
parviendront-ils pas. C'est à ces
derniers que ce livre est dédié. »

ANNEXE

ÉTUDES COMPLÉMENTAIRES
LIVRES ET CONFÉRENCES DE L. RON HUBBARD

Les textes de Dianétique et de Scientologie forment le plus grand ensemble de connaissances jamais réunies au sujet du mental, de l'esprit et de la vie. Ron Hubbard les a rigoureusement affinées et codifiées au terme de cinq décennies de recherches et d'investigations. Des centaines de livres et plus de 3000 conférences enregistrées contiennent les résultats de ces travaux. Vous pouvez en obtenir une liste et une description complète, y compris des éditions traduites dans votre langue, auprès de toute Église de Scientologie ou organisation de publication. (Voir le *Guide des livres et conférences*.)

Les livres et conférences ci-dessous constituent les fondations sur lesquelles repose le Pont vers la liberté. Ils apparaissent dans l'ordre où Ron les a écrits ou données. Dans de nombreux cas, Ron Hubbard a dispensé une série de conférences juste après la sortie d'un livre. Il pouvait ainsi fournir davantage d'explications sur ces étapes clés. Des efforts de traduction monumentaux rendent ces conférences disponibles et nous les mentionnons ici avec le livre qu'elles accompagnent.

Les livres de Ron Hubbard contiennent les résumés de ses percées et de ses conclusions au cours du développement. Ses conférences fournissent l'enregistrement quotidien de sa recherche et expliquent les réflexions, les conclusions, les tests et les démonstrations qui jalonnent cette route. Il s'agit donc de l'enregistrement complet de toute sa recherche. Elles recèlent non seulement les percées les plus importantes de l'histoire de l'Homme, mais expliquent *pourquoi* et *comment* Ron est arrivé à ces dernières.

L'étude chronologique de ces livres et conférences offre plusieurs avantages. Parmi les principaux, on trouve les définitions des mots et des termes que LRH a données avec une très grande exactitude lorsqu'il les a utilisés à l'origine. En plus d'offrir de simples « définitions », Ron a consacré des conférences entières à la pleine description de chaque nouveau terme de Dianétique ou de Scientologie – ce qui a permis la percée, son application en audition ainsi que son application dans la vie. Aucun mot mal compris n'est ainsi laissé en chemin. D'où une compréhension conceptuelle complète de la Dianétique et de la Scientologie, qui permet de posséder ces sujets à un niveau autrement impossible à atteindre.

L'étude chronologique du sujet vous permet de saisir son évolution et de reconnaître ses plus hauts niveaux de développement. La liste des livres et des conférences ci-dessous vous indique où s'intègre chacun d'eux dans le développement du sujet. Dès lors, vous pouvez déterminer votre *prochaine* étape ou remarquer quel livre ou quelle conférence antérieurs vous pouvez avoir manqués. Vous pourrez ainsi remplir les vides, et non seulement acquérir la connaissance de chaque découverte mais aussi disposer d'une meilleure compréhension de ce que vous avez déjà étudié.

Ceci est le chemin pour savoir comment savoir. Il déverrouille les portes de votre éternité. Suivez-le.

LA DIANÉTIQUE : LA THÈSE ORIGINELLE • La *première* description de la Dianétique rédigée par Ron. À l'origine, ce texte a circulé sous forme de manuscrit. Puis il a été copié et passé de main en main. Le bouche à oreille a suscité une telle demande d'informations que Ron en a conclu que le seul moyen de répondre à ces questions était d'écrire un livre. Intitulé *La Dianétique : la puissance de la pensée sur le corps*, c'est devenu depuis le plus grand best-seller de tous les temps dans le domaine de l'amélioration personnelle. *La thèse originelle* est l'ouvrage avec lequel tout a commencé. Voici les fondements des découvertes de Dianétique : *les axiomes d'origine, le principe dynamique de l'existence, la structure du mental analytique et réactif, les dynamiques, l'échelle des tons, le code de l'auditeur* et la première description du *Clair*. Mais surtout, voici les lois principales décrivant *comment* et *pourquoi* l'audition fonctionne. Tout cela ne figure *que* dans *La Dianétique : la thèse originelle*.

LA DIANÉTIQUE : ÉVOLUTION D'UNE SCIENCE • Ce texte raconte *comment* Ron a découvert le mental réactif et a élaboré les procédures pour s'en débarrasser. Écrit à l'origine pour un magazine national (publié pour coïncider avec la sortie de *La Dianétique : la puissance de la pensée sur le corps)*, il a lancé un mouvement qui s'est répandu du jour au lendemain comme une traînée de poudre. Voici donc les fondements de la Dianétique ainsi que le compte rendu de Ron retraçant ses vingt années de découvertes et son application d'une méthodologie scientifique aux problèmes du mental humain. Il a écrit ce livre pour que vous connaissiez cette évolution. C'est pourquoi ce livre est un must pour chaque dianéticien et scientologue.

LA DIANÉTIQUE : LA PUISSANCE DE LA PENSÉE SUR LE CORPS • L'éclair jailli du néant qui a lancé un mouvement planétaire. Même si Ron avait déjà annoncé la découverte du mental réactif, cela n'avait fait qu'alimenter le désir de ceux qui voulaient en savoir plus. Mais surtout, il était humainement impossible à un seul homme de mettre toute une planète au clair. Englobant toutes ses précédentes découvertes et les études de cas résultant de leur mise en pratique, Ron a fourni le manuel complet sur la procédure de Dianétique pour apprendre aux auditeurs à s'en servir partout. Best-seller depuis plus d'un demi-siècle et comptant des dizaines de millions d'exemplaires imprimés, le livre *La Dianétique : la puissance de la pensée sur le corps* a été traduit en plus de cinquante langues et utilisé dans plus de cent pays sur Terre. C'est incontestablement le livre le plus lu et le plus influent jamais écrit sur le mental humain. C'est d'ailleurs pour cette raison qu'il sera toujours connu sous le nom de *Livre Un*.

LA DIANÉTIQUE : CONFÉRENCES ET DÉMONSTRATIONS • Juste après avoir publié *La Dianétique*, LRH a commencé à donner des conférences à des salles combles à travers les États-Unis. Il avait beau s'adresser à des milliers de personnes à la fois, la demande ne cessait d'augmenter. Pour y faire face, Ron a fait enregistrer les conférences d'Oakland en Californie. Dans ces quatre conférences, Ron a décrit les événements qui l'ont fait commencer ses recherches et son voyage vers ses découvertes révolutionnaires. Il a accompagné tout cela d'une démonstration d'audition de Dianétique. Il s'agit là de la seule démonstration d'audition disponible du Livre Un. *4 conférences.*

CONFÉRENCES DU COURS PROFESSIONNEL DE DIANÉTIQUE — *UN COURS SPÉCIAL POUR LES AUDITEURS DU LIVRE UN* • Pendant six mois, Ron a voyagé d'un bout à l'autre du continent américain afin de dispenser des conférences aux premiers dianéticiens. Après cela, Ron a rassemblé les auditeurs à Los Angeles pour un nouveau cours professionnel. Le sujet en était sa nouvelle découverte fondamentale sur la vie : *le triangle d'ARC,* décrivant l'interdépendance entre *l'Affinité, la Réalité* et *la Communication.* Au cours de quinze conférences, LRH a présenté beaucoup de percées inédites, dont *le spectre de la logique,* qui contient une infinité de gradations entre le vrai et le faux ; *l'ARC et les dynamiques ; les échelles de ton de l'ARC ; le Code de l'auditeur* ainsi que son rapport avec l'ARC ; et *le tableau d'accessibilité* qui fournit une classification des cas et la manière de les auditer. On y trouve donc la formulation définitive des procédures d'audition du Livre Un de même que la découverte sur laquelle la recherche future allait s'orienter. Le contenu de ces conférences était perdu depuis cinquante ans, seulement disponible dans des notes d'étudiants publiées dans le livre *Notes sur les conférences.* L'enregistrement d'origine a été découvert et est largement disponible pour la première fois. La vie dans son état le plus élevé, *la compréhension,* se compose d'Affinité, de Réalité et de Communication. Et comme l'a dit LRH, la meilleure description que l'on puisse trouver du triangle d'ARC se trouve dans ces conférences. *15 conférences.*

SCIENCE DE LA SURVIE — *LA PRÉDICTION DU COMPORTEMENT HUMAIN* • Le livre le plus utile que vous puissiez posséder. Conçu à partir du *Tableau Hubbard d'évaluation humaine, Science de la survie* fournit la première prédiction précise du comportement humain. Ce tableau présente toutes les manifestations du potentiel de survie d'un individu, graduées de la plus haute à la plus basse. Cela en fait l'ouvrage complet sur l'échelle des tons. En ne connaissant qu'une ou deux caractéristiques d'une personne et en utilisant ce tableau, vous pouvez la situer sur l'échelle des tons. Ensuite, vous obtenez une indication précise de sa personnalité, de sa conduite et de son caractère *au complet.* Avant cela, le monde était convaincu que les cas ne pouvaient pas s'améliorer, mais seulement se détériorer. *Science de la survie* lance l'idée qu'il existe des états de cas différents, ainsi que la notion nouvelle que l'on peut progresser vers le haut de l'échelle des tons. C'est là que réside la base du tableau des grades d'aujourd'hui.

LES CONFÉRENCES DE SCIENCE DE LA SURVIE • Le développement de l'échelle des tons et du Tableau d'évaluation humaine reposait sur une percée décisive : *la théorie thêta-MEST,* contenant l'explication de l'interaction entre la vie – *thêta* – et l'univers physique de la Matière, de l'Énergie, de l'eSpace et du Temps – *MEST.* Dans ces conférences, données à des étudiants juste après la publication du livre, Ron a fourni la description la plus complète de tout l'arrière-plan du Tableau d'évaluation humaine et de son application à la vie. De plus, il explique comment le rapport entre le *thêta* et l'*enthêta* (le *thêta enturbulé*) détermine votre position sur l'échelle des tons et les moyens de monter à des niveaux plus élevés. *4 conférences.*

SELF-ANALYSE • Les barrières de la vie ne sont en fait que des ombres. Apprenez à vous connaître – pas seulement une ombre de vous-même. Offrant la description la plus complète de la conscience, *Self-Analyse* vous fait faire le tour de votre passé, de vos potentiels, de votre vie. D'abord, avec une série d'auto-examens et une version spéciale du Tableau Hubbard d'évaluation humaine, vous vous situez sur l'échelle des tons. Puis, en appliquant une série de procédés légers mais puissants, vous vous embarquez dans la grande aventure de la découverte de soi. Ce livre contient aussi des principes généraux qui touchent *tous* les cas, du plus bas au plus élevé. Parmi ceux-ci figurent des techniques d'audition si efficaces que Ron les mentionne à maintes reprises au cours de ses années de recherches ultérieures sur les états les plus élevés. Ce livre vous fait non seulement monter sur l'échelle des tons, mais il peut vous sortir d'à peu près toute situation.

PROCÉDURE AVANCÉE ET AXIOMES • Ron a fait de nouvelles percées sur la nature et la structure des engrammes (« les engrammes ne sont actifs que quand l'individu lui-même décide qu'ils seront actifs »). Puis est venue la découverte que l'être utilise le *fac-similé de service* : un mécanisme visant à justifier les échecs dans la vie, mais qui vous enferme ensuite dans un schéma comportemental nuisible et conduit à davantage d'échecs. D'où un nouveau type d'audition s'adressant à la *Pensée*, à l'*Émotion* et à l'*Effort*. Les « Quinze Actes » de la Procédure avancée les détaillent, tout en visant à faire recouvrer au préclair son *autodétermination*. Ce livre contient aussi l'explication intégrale, sans excuses possibles, de la *Pleine Responsabilité*, clé universelle. De plus, on y trouve la codification des *Définitions*, *Logiques* et *Axiomes* qui procure à la fois une récapitulation du sujet dans son intégralité et la direction de toutes les recherches à venir. *Voir Guide pour préclairs, le manuel d'auto-processing qui accompagne Procédure avancée et Axiomes.*

> 🎤 **PENSÉE, ÉMOTION ET EFFORT** • Avec la codification des Axiomes a surgi le moyen d'aborder les points clés d'un cas susceptible de résoudre toute aberration. *Les postulats de base, La pensée première, La Cause et l'Effet*, et leur conséquence sur tout, depuis la *mémoire* et la *responsabilité* jusqu'au rôle de l'individu dans le fait de donner leur force aux *engrammes* : seule cette série aborde ces sujets. Ici se trouve aussi la description la plus complète de tous les éléments du *fac-similé de service* – et la raison pour laquelle sa résolution élimine les inaptitudes auto-imposées d'un individu. *21 conférences.*

GUIDE POUR PRÉCLAIRS • Les « Quinze Actes » de *Procédure avancée et Axiomes* ont leur parallèle dans les Quinze Actes d'auto-processing du *Guide pour préclairs*. En plus, ce livre contient plusieurs essais qui décrivent en détail l'*état idéal de l'Homme*. Découvrez pourquoi les schémas de comportement finissent par se fixer de façon si solide ; pourquoi les habitudes ne peuvent apparemment pas être changées ; comment les anciennes décisions agissent avec plus de pouvoir sur quelqu'un que celles d'aujourd'hui ; et pourquoi on conserve dans le temps présent les expériences négatives passées. Tout est clairement exposé dans le Tableau des attitudes – une percée décisive qui complète le Tableau d'évaluation humaine. Ce tableau décrit l'état d'être idéal ainsi que vos *attitudes* et *réactions* face à la vie. *En auto-processing, utiliser conjointement le Guide pour préclairs avec Self-Analyse.*

LE CONTINUUM VITAL • Avec ses dernières percées, Ron était sollicité de toutes parts. Afin de répondre à la demande et plus encore il a donné des conférences lors du deuxième congrès annuel des auditeurs de Dianétique. Il y décrit les techniques à l'origine des étapes d'auto-processing du *Guide*. Il explique le *comment* et le *pourquoi* : la découverte du *continuum vital* – le mécanisme d'après lequel un individu est forcé de poursuivre la vie d'un autre individu décédé ou parti, générant dans son propre corps les infirmités et les manies de l'autre. Vous trouverez des instructions pour auditeur sur l'emploi du Tableau des attitudes. Elles vous permettront de déterminer comment aborder chaque cas de la meilleure façon. Vous y obtiendrez aussi des instructions destinées à disséminer le *Guide pour préclairs* et le moyen de démarrer une mise au clair à grande échelle. *10 conférences.*

LA SCIENTOLOGIE : LE PREMIER JALON • Ron a commencé la première conférence dans cette série avec six mots qui allaient changer le monde à jamais : « Ceci est un cours de *Scientologie*. » À partir de là, Ron a non seulement décrit l'étendue de ce sujet tout nouveau, il a aussi décrit ses découvertes sur les vies passées. Puis, il a poursuivi en décrivant le premier électromètre et comment son emploi lui avait permis de découvrir la *ligne thêta* (la piste entière de l'existence d'un thétan), distincte en tout point de la *ligne génétique du corps* (la piste de temps des corps et de leur évolution physique). C'est ainsi qu'il a réussi à briser le mensonge d'« une seule vie » et à révéler la *piste totale* de l'existence spirituelle. Ces conférences recèlent la genèse même de la Scientologie. *22 conférences.*

LA ROUTE VERS L'INFINI : CONFÉRENCES DE LA TECHNIQUE 80 • Ron a expliqué : « La Technique 80 est la technique *Être ou Ne pas être*. » Avec elle, il a dévoilé la base cruciale sur laquelle reposent les aptitudes et la santé d'esprit : *la capacité de l'être à prendre une décision*. Ici, nous avons la structure du « peut-être », les *longueurs d'onde de l'ARC*, *l'échelle des tons des décisions* et les moyens de rétablir l'aptitude d'un être à Être... presque *n'importe quoi. 7 conférences. (La connaissance de la Technique 80 est nécessaire pour la Technique 88, comme décrit dans Scientologie : une histoire de l'Homme – voir ci-dessous.)*

SCIENTOLOGIE : UNE HISTOIRE DE L'HOMME • « Un compte rendu froid et factuel de vos 76 derniers billions d'années. » C'est ainsi que débute *Une histoire de l'Homme*, qui annonce la révolutionnaire *Technique 88* – révélant pour la première fois la vérité au sujet de la piste totale et l'audition exclusivement destinée au thétan. Ce livre renferme l'histoire qu'a révélée le premier électromètre et qui décrit les incidents principaux de la piste totale que l'on rencontre chez tout être humain : *les implants électroniques, les entités, la piste génétique, les incidents de l'Entre-deux-vies, comment les corps ont évolué* et *pourquoi vous avez été piégé dedans.* Tout cela est détaillé ici.

TECHNIQUE 88 : INCIDENTS DE LA PISTE AVANT LA TERRE • « S'il existe une technique concevable par le mental humain qui soit hyperbolique, effervescente, dramatique, impossible à exagérer, superlative, de très haut vol, grandiose, colossale et magnifique, c'est bien la Technique 88. Elle est aussi vaste que la piste totale avec tous ses incidents. Elle est ce à quoi on l'applique ; elle est ce qui s'est passé. Elle contient les énigmes, les secrets et les mystères de tous les temps. Vous pourriez mettre son nom en gros caractères, comme on le fait pour les attractions, mais rien de ce que vous pourriez en dire, aucun adjectif ne pourrait en décrire ne serait-ce qu'un fragment. Non seulement elle défie l'imagination, mais elle vous fait honte d'oser encore imaginer quoi que ce soit. » Telle est l'introduction de Ron à cette série de conférences inédites. Elles développent tout ce que contient *Une histoire de l'Homme.* Ce qui vous attend n'est autre que la piste totale. *15 conférences.*

SCIENTOLOGIE 8-80 • La *première* explication de l'électronique de la pensée humaine et du phénomène de l'énergie dans chaque être. Découvrez comment même les lois de l'univers physique du mouvement se reflètent chez un être, sans parler de l'électronique de l'aberration. Ici se trouve le maillon entre thêta et MEST, ce qu'*est* l'énergie et comment vous la *créez.* C'est la percée qui a révélé le sujet des *flux* d'un thétan et qui, à son tour, est appliquée dans *chaque* procédé d'audition aujourd'hui. Dans le titre du livre, « 8-8 » signifie *infini-infini*, et « 0 » représente le statique, *thêta.* Le livre inclut *les longueurs d'onde de l'émotion, l'esthétique, la beauté et la laideur, le flux entrant et le flux sortant* et *l'échelle des tons négatifs* – applicable seulement au thétan.

LA SOURCE DE L'ÉNERGIE VITALE • Avec l'annonce de son nouveau livre, Scientologie 8-80, Ron a bien sûr dévoilé ses percées sur thêta en tant que Source de l'énergie vitale. Mais il a aussi détaillé les *Méthodes de recherche* dont il s'est servi à cette fin, ainsi que pour chaque autre découverte de Dianétique et de Scientologie : les *Q* et les *Logiques* – des méthodes de *pensée* applicables à tout univers ou processus de pensée. Cet ouvrage vous explique *comment penser* et *comment évaluer toutes les données et connaissances.* Autrement dit, il forme le pivot d'une compréhension complète de la Scientologie et de la vie. *14 conférences.*

♎ LE POUVOIR DE THÊTA • Alors qu'il préparait son dernier livre ainsi que le *cours de doctorat* qu'il s'apprêtait à enseigner, Ron a rassemblé les auditeurs pour un nouveau cours professionnel. Il a déclaré à cette occasion : « Pour la première fois avec cette classe, nous faisons un pas, vraiment, au-delà de l'étendue du mot *Survie*. » C'est de ce point de vue que *Le pouvoir de thêta* donne la technologie qui relie le savoir de 8-80 à 8-8008 et fournit la première explication véritable du sujet de la *Cause* et un changement permanent d'orientation dans la vie de MEST à *thêta*. *10 conférences.*

SCIENTOLOGIE 8-8008 • Voici la description complète du comportement et des potentialités d'un *thétan* ainsi que le manuel des conférences du cours de doctorat de Philadelphie et des conférences *Les Facteurs : l'admiration et la renaissance de l'état d'être*. Comme l'a dit Ron, le titre du livre vise à graver dans l'esprit une route par laquelle l'individu peut retrouver sa nature, ainsi que ses aptitudes, son éthique et ses buts. En d'autres termes, parvenir à *l'infini* (8) par la réduction de *l'infini* (8) apparent de l'univers MEST à *zéro* (0) et l'accroissement du *zéro* (0) apparent de son propre univers à *l'infini* (8). Cet ouvrage condense plus de 80 000 heures d'investigation. Il résume et développe chacune des découvertes majeures à ce jour. La pleine signification de ces découvertes constitue un point de vue nouveau : *Thétan Opérant.*

♎ LES CONFÉRENCES DU COURS DE DOCTORAT DE PHILADELPHIE • Ces célèbres conférences forment le corps de données le plus vaste jamais constitué sur la structure, le comportement et le potentiel de l'esprit humain. Elles présentent les fondements mêmes qui sous-tendent la route vers Thétan Opérant. Vous y trouvez en détail la relation entre un thétan et la *création*, le *maintien* et la *destruction des univers*. Vous découvrez aussi la *structure* de la matière, de l'énergie, de l'espace et du temps et du fait de *postuler* l'existence des univers. Ces conférences décrivent aussi comment le thétan perd les aptitudes de la piste totale et quelles *lois universelles* permettent de les restaurer. En bref, ici figure la codification par Ron des échelons supérieurs de l'état d'être et du comportement de thêta. L'une après l'autre, ces conférences développent chaque concept exposé dans le manuel du cours, *Scientologie 8-8008*. Elles peignent le panorama complet de ce que *vous* êtes à l'état originel. *76 conférences avec la reproduction des 54 schémas originaux de la main de LRH.*

♎ LES FACTEURS : L'ADMIRATION ET LA RENAISSANCE DE L'ÉTAT D'ÊTRE • Après avoir entièrement défini les *potentialités* d'un thétan, Ron a modifié la direction de ses recherches. Celles-ci ont abouti à sa découverte monumentale d'un *solvant universel* et des lois fondamentales de l'*univers thêta*. Il s'agissait de lois littéralement supérieures à tout : *les Facteurs, somme des considérations sur l'esprit humain et sur l'univers matériel*. Ces percées étaient si spectaculaires que Ron a amplifié le livre *Scientologie 8-8008*, d'une part pour clarifier les découvertes précédentes et d'autre part pour ajouter plusieurs chapitres qui, étudiés avec ces conférences, forment le niveau d'étude supérieur au cours de doctorat. Voici les conférences qui contiennent la connaissance de la *vérité universelle*, offrant une réponse à l'énigme même de la Création. *18 conférences.*

LA CRÉATION DES APTITUDES HUMAINES – *UN MANUEL POUR LES SCIENTOLOGUES* • Après les découvertes sur le Thétan Opérant, Ron a consacré une année de recherches intensives à explorer le domaine du *thétan extérieur*. Il a codifié en entier le sujet de la Scientologie, prodiguant audition et enseignement, y compris 450 conférences en l'espace de douze mois. Ce manuel contient tout cela, depuis un *Résumé de la Scientologie* jusqu'aux *Axiomes* et *Codes* fondamentaux. Ici figure aussi la *Procédure intensive*, ainsi que les célèbres procédés d'extériorisation de la *Route 1* et de la *Route 2* – des procédés directement tirés des Axiomes. Chacun d'eux est décrit en détail : *comment* on utilise le procédé, *pourquoi* il fonctionne, la technologie axiomatique qui sous-tend son emploi et l'explication complète de la façon dont un être peut briser les *faux accords* et les *barrières auto-créées* qui le rendent esclave de l'univers physique. En bref, ce livre contient le suprême résumé des aptitudes d'un thétan extérieur OT et le moyen d'y arriver de façon permanente.

🎙 **LES CONFÉRENCES DE PHOENIX : AFFRANCHIR L'ESPRIT HUMAIN** • Voici une vue panoramique de la Scientologie tout entière. Après avoir codifié le sujet de la Scientologie dans *La création des aptitudes humaines,* Ron a donné une série de conférences d'une demi-heure chacune destinées à accompagner une étude complète du livre. Des *fondements* qui sous-tendent la technologie – *les Axiomes, les conditions d'existence, les considérations et aspects mécaniques*, jusqu'aux procédés de la *Procédure intensive*, comprenant douze conférences décrivant un par un les procédés de la *Route 1* pour thétan extérieur – tout y est. On acquiert ainsi une compréhension conceptuelle de la *science du savoir* et des *aptitudes de l'état d'OT originel*. Il s'agit donc des principes fondamentaux sur lesquels tout le reste repose en Scientologie, y compris la présentation globale de la religion et de son héritage : *La Scientologie, son héritage*. Il s'agit de la série de conférences qui marque un tournant de la Scientologie elle-même et de la fondation axiomatique de toute la recherche future. *42 conférences.*

DIANÉTIQUE 55 ! – *LE MANUEL COMPLET SUR LA COMMUNICATION HUMAINE* • Avec toutes les percées faites jusqu'alors, un facteur unique avait été isolé qui était crucial pour réussir chaque type d'audition. Comme l'a dit LRH : « La communication est tellement importante aujourd'hui en Dianétique et en Scientologie, comme elle l'a toujours été sur la piste totale, que l'on peut affirmer que si vous faisiez communiquer un préclair, vous auriez un préclair en bonne forme. » Ce livre décrit la nature et les formules *exactes*, mais auparavant inconnues, de la communication *parfaite*. La magie du cycle de communication est *le* principe fondamental de l'audition et *la* raison fondamentale pour laquelle elle fonctionne. Les découvertes présentées dans ce livre ont ouvert de nouvelles perspectives d'application. Au vu de leur ampleur, LRH a surnommé *Dianétique 55 !* le *deuxième livre* de Dianétique.

🎙 **LE CONGRÈS DE L'UNIFICATION : COMMUNICATION ! LIBERTÉ ET APTITUDES** • Ce congrès historique annonçait l'unification des sujets que sont la Dianétique et la Scientologie avec la sortie de *Dianétique 55 !* Jusque-là, chacun avait fonctionné dans son propre domaine : la Dianétique traitait de l'Homme *en tant qu'Homme*, les quatre premières dynamiques ; la Scientologie, elle, s'occupait de la *vie même*, les dynamiques cinq à huit. Un seul mot résumait la formule qui allait servir de fondation à tous les progrès ultérieurs : *Communication*. C'était une percée fondamentale que Ron appellerait plus tard « la grande découverte de la Dianétique et de la Scientologie ». Voici donc les conférences relatant comment cela s'est produit. *16 conférences accompagnées de reproductions des schémas originaux de la main de LRH.*

SCIENTOLOGIE : LES FONDEMENTS DE LA VIE — *LE LIVRE DE BASE DE LA THÉORIE ET DE LA PRATIQUE DE LA SCIENTOLOGIE POUR DÉBUTANTS* • Ron a surnommé cet ouvrage *Le Livre Un de la Scientologie*. Après l'unification et la codification complètes des sujets de la Dianétique et de la Scientologie a sonné l'heure de perfectionner leurs *fondements*. À l'origine, ce livre avait été publié comme un résumé de la Scientologie destiné à être traduit dans d'autres langues que l'anglais. Mais il possède une valeur inestimable pour le débutant comme pour l'étudiant avancé dans les domaines du mental, de l'esprit et de la vie. Ce seul ouvrage permet de commencer à opérer des changements apparemment miraculeux pour ce qui est du bien-être, de l'aptitude et de l'intelligence. On y trouve *les états d'existence, les huit dynamiques, le triangle d'ARC, les parties de l'homme,* l'analyse complète de *la Vie en tant que jeu* et plus encore, y compris des procédés précis applicables par quiconque. Ce livre contient le point de départ pour apporter la Scientologie au monde.

CONFÉRENCES DU COURS PROFESSIONNEL HUBBARD • Le livre *Les fondements de la vie* constitue une introduction destinée aux débutants, mais il contient aussi un condensé des bases du sujet à l'intention de tous les scientologues. Voici la description approfondie de ces éléments. Ces conférences d'une demi-heure chacune apportent une maîtrise complète de toutes les découvertes de la Scientologie – *les Axiomes 1 à 10, la structure du contrôle, le traitement des problèmes, Commencer, Changer et Arrêter, la confusion et les données stables, l'extériorisation, les valences* et plus encore – le *pourquoi* qui réside derrière tout cela, *comment* cela en est venu à exister et les mécanismes sous-jacents. De plus, Ron nous présente *le Code du scientologue* point par point ainsi que son usage dans la création d'une nouvelle civilisation. En bref, voici les conférences de LRH qui font un *scientologue professionnel* : celui qui peut appliquer le sujet à chaque aspect de la vie. *21 conférences.*

AUTRES LIVRES QUI CONTIENNENT LES ÉLÉMENTS ESSENTIELS DE LA SCIENTOLOGIE

LE TRAVAIL

LES PROBLÈMES DU TRAVAIL – *LA SCIENTOLOGIE APPLIQUÉE AU MONDE DU TRAVAIL* • *(Ce livre-ci.)* Ayant codifié tout le sujet de la Scientologie, Ron s'est mis immédiatement à fournir le manuel du *débutant* que n'importe qui pouvait appliquer. Comme il l'a décrit : la vie se compose de sept dixièmes de travail, un dixième de famille, un dixième de politique et un dixième de loisirs. Voici la Scientologie appliquée à ces sept dixièmes de l'existence. Voici les réponses à *l'épuisement* et le *secret de l'efficacité*. Voici également l'analyse de la vie : un jeu composé de règles précises. En les connaissant, vous réussirez. *Les problèmes du travail* contiennent une technologie dont on ne peut se passer pour vivre. Scientologues et novices peuvent la mettre en pratique sans délai.

LES PRINCIPES DE LA VIE

SCIENTOLOGIE : UNE NOUVELLE OPTIQUE SUR LA VIE • Des éléments essentiels de Scientologie pour chaque aspect de la vie. Des réponses fondamentales qui vous mettent aux commandes de votre existence. Des vérités à consulter maintes fois : *Est-il possible d'être heureux ? Deux règles pour vivre heureux, L'intégrité personnelle, La personnalité antisociale* et bien d'autres. Chaque partie de ce livre vous apporte des vérités de Scientologie qui décrivent des conditions de votre vie ainsi que des réponses *exactes* pour vous permettre de les améliorer. *Scientologie : une nouvelle optique sur la vie* contient une connaissance essentielle pour chaque scientologue. C'est aussi une introduction parfaite pour tout novice en Scientologie.

AXIOMES, CODES ET ÉCHELLES

SCIENTOLOGIE 0-8 : LE LIVRE DES FONDEMENTS • Ce livre accompagne *tous* les autres ouvrages de Ron ainsi que ses conférences et documents. Il s'agit *du* livre des fondements. Il contient des données indispensables auxquelles vous vous référerez sans cesse, comme *Les Axiomes de Dianétique et de Scientologie* ; *Les Facteurs* ; une compilation complète de toutes les *échelles* – plus de 100 au total ; des listes des *perceptions* et *niveaux de conscience*, tous les *codes* et *credos* et bien davantage. Ce seul volume résume les lois les plus décisives de l'existence, un condensé de plus de 15 000 pages d'écrits, de 3000 conférences et de nombreux livres.

L'ÉTHIQUE DE SCIENTOLOGIE
LA TECHNOLOGIE DE LA SURVIE OPTIMALE

INTRODUCTION À L'ÉTHIQUE DE SCIENTOLOGIE • La première technologie de l'éthique qui fonctionne offre un nouvel espoir pour l'Homme : une technologie susceptible d'aider l'individu à remonter la pente et à atteindre un plateau d'existence supérieur. Ce manuel complet fournit les données fondamentales les plus importantes : *les bases de l'éthique et de la justice ; l'honnêteté ; les conditions d'existence ; les formules des conditions* de confusion à puissance ; *les principes de base de l'oppression* et comment s'en occuper ; ainsi que *les procédures de justice* et leur utilisation dans les églises de Scientologie. Voici la technologie permettant de surmonter toutes les barrières dans la vie afin que vous progressiez sur le Pont vers la liberté totale.

LA PURIFICATION

UN CORPS PUR, L'ESPRIT CLAIR — *LE PROGRAMME DE PURIFICATION EFFICACE* • Nous vivons dans un monde biochimique. Ce livre contient la solution. Ron a effectué des recherches sur les effets nocifs qu'un usage passé de drogues pouvait avoir sur les cas de préclairs. C'est alors qu'il a découvert qu'un grand nombre de drogues, en particulier le LSD, demeuraient dans l'organisme longtemps après leur consommation. Il a remarqué que des résidus de drogue pouvaient produire de sérieux effets durables, allant même jusqu'à provoquer de nouveaux « trips ». Des recherches plus approfondies ont révélé qu'une grande quantité de substances (médicaments, alcool, polluants, produits chimiques ménagers et même produits de conservation utilisés dans l'alimentation) pouvaient également se loger dans les tissus humains. À travers des milliers de cas de recherche, il a développé le *Programme de purification* afin d'éliminer leurs effets destructeurs. *Un corps pur, l'esprit clair* décrit en détail tous les aspects de ce programme entièrement naturel qui libère des effets nocifs des drogues et autres produits toxiques, ouvrant ainsi la porte aux progrès spirituels.

MANUELS DE RÉFÉRENCE

QU'EST-CE QUE LA SCIENTOLOGIE ?

L'ouvrage de référence encyclopédique complet et essentiel sur le sujet et la pratique de la Scientologie. Aisé à consulter, ce livre contient les informations pertinentes sur toutes les facettes du sujet :

• La vie de Ron Hubbard et son parcours de découverte
• L'héritage spirituel de la religion
• Une description complète de la Dianétique et de la Scientologie
• L'audition : ce que c'est et comment cela fonctionne

• Les cours : leur contenu et la façon dont ils sont conçus
• Le tableau de gradation des services et la façon d'accéder à des états plus élevés
• Le système d'éthique et de justice de la Scientologie
• La structure organisationnelle de l'Église
• Une description complète de tous les programmes d'amélioration sociale soutenus par l'Église, comprenant : la réhabilitation des toxicomanes, la réinsertion des criminels, l'alphabétisation et l'éducation, et l'introduction de valeurs morales réelles.

Cet ouvrage de plus de 1000 pages, contenant plus de 500 photographies et illustrations, comprend aussi des credos, des codes et une liste complète de tous les livres et documents ainsi qu'un chapitre offrant des réponses à presque toutes les questions sur le sujet.

Demandez et ce livre répond.

LE MANUEL DE SCIENTOLOGIE

Les fondements de la Scientologie destinés à un usage quotidien dans tous les aspects de la vie. Comprenant 19 domaines distincts de technologie, voici le manuel le plus exhaustif jamais publié sur les bases mêmes de l'existence. Chaque chapitre contient des principes clés et des techniques utiles pour un usage continu :

• La technologie de l'étude
• Les dynamiques de l'existence
• Les composantes de la compréhension : affinité, réalité et communication
• L'échelle des tons
• La communication et ses formules
• Procédés d'assistance pour maladies et blessures
• Comment résoudre les conflits
• L'intégrité et l'honnêteté
• L'éthique et les formules des conditions
• Les solutions à l'oppression et à un environnement dangereux
• Le mariage
• Les enfants
• Outils pour le monde du travail

Fort de plus de 700 photographies et illustrations, ce livre vous permet d'apprendre facilement les procédures et de les appliquer sans délai. Un manuel indispensable à tout scientologue.

Dans ces pages réside la technologie pour construire un monde meilleur.

À PROPOS DE RON HUBBARD

« Pour vraiment connaître la vie – a écrit Ron Hubbard – il faut y participer. Vous devez vous pencher et regarder ; vous devez fouiller dans les coins et recoins de l'existence. Vous devez côtoyer toutes sortes d'individus avant de pouvoir finalement déterminer ce qu'est l'Homme. »

Au cours de la longue et extraordinaire quête qui l'a amené à fonder la Dianétique et la Scientologie, voilà précisément ce que Ron a fait. Que ce soit sa jeunesse aventureuse dans l'impitoyable Ouest américain, son voyage exotique dans une Asie encore mystérieuse, ses deux décennies de recherche en quête de l'essence même de la vie ou le triomphe de la Dianétique et de la Scientologie, tels sont les épisodes narrés dans les publications biographiques de Ron Hubbard.

L. Ron Hubbard : Images d'une vie présente une rétrospective photographique de la grande aventure de Ron tirée de ses archives personnelles : vous découvrirez comment Ron voyait sa vie.

La collection Ron présente les nombreuses facettes de cette existence riche et variée. Chaque publication se concentre sur une profession spécifique de LRH : *Auditeur, Philanthrope, Philosophe, Artiste, Poète, Créateur musical, Photographe* et de nombreuses autres y compris ses articles publiés dans *Freedom* et ses *Lettres et Journaux* intimes. Ces publications synthétisent l'histoire d'un homme qui a vécu au moins vingt vies en l'espace d'une seule.

POUR EN SAVOIR PLUS, VISITEZ
www.lronhubbard.org

GUIDE DES LIVRES ET CONFÉRENCES

VOTRE AVENTURE A COMMENCÉ ! EN VOICI LA CARTE.

- Tous les livres
- Toutes les conférences
- Tous les ouvrages de référence

Le tout disposé par ordre chronologique avec une description de chaque élément.

Votre voyage vers la pleine compréhension de la Dianétique et de la Scientologie est la plus grande des aventures. Mais il vous faut une carte qui vous montre où vous êtes et où vous allez.

Cette carte est le guide des livres et conférences. Tous les livres et toutes les conférences de Ron y figurent. Il décrit de façon exhaustive leur contenu et leur sujet afin que vous puissiez trouver exactement ce que *vous* cherchez et précisément ce dont *vous* avez besoin.

Comme chaque livre et chaque conférence apparaît par ordre chronologique, vous pouvez *suivre* le développement des sujets de la Dianétique et de la Scientologie. Autrement dit, en étudiant simplement ce guide, vous pouvez vous attendre à une succession de prises de conscience !

Les nouvelles éditions des livres contiennent des glossaires très complets, avec des définitions de tous les termes techniques. Un programme de traduction monumental est en train de mettre à votre disposition de toutes nouvelles éditions de chaque livre, ainsi que toutes les conférences de Ron, pour la première fois. Reproduites sur disque compact, elles contiennent des transcriptions complètes, des glossaires, les schémas des conférences, les diagrammes et les bulletins qu'il mentionne dans ces conférences. Ainsi, vous avez *toutes* les informations et vous pouvez les étudier avec facilité et en acquérir une pleine compréhension *conceptuelle*.

Le résultat est un nouvel âge d'or de la connaissance dont a rêvé chaque dianéticien et chaque scientologue.

Pour obtenir votre Guide des livres et conférences et votre catalogue GRATUIT ou pour commander des livres et conférences de Ron Hubbard, contactez :

AMÉRIQUES :
Bridge
Publications, Inc.
4751 Fountain Avenue
Los Angeles, CA 90029 USA
www.bridgepub.com
Tél. : 1-800-722-1733
Fax : 1-323-953-3328

RESTE DU MONDE :
New Era Publications
International ApS
Store Kongensgade 53
1264 Copenhagen K, Denmark
www.newerapublications.com
Tél. : (45) 33 73 66 66
Fax : (45) 33 73 66 33

*Les livres et les conférences sont aussi directement en vente dans les Églises de Scientologie. Voir les **Adresses**.*

ADRESSES

La Scientologie est la religion qui connaît la croissance la plus rapide dans le monde. Des églises et des missions existent dans les villes aux quatre coins du globe et il s'en ouvre sans cesse de nouvelles.

Pour obtenir plus d'informations ou pour situer l'église la plus proche de chez vous, visitez le site Internet de la Scientologie.

www.scientology.org
e-mail : info@scientology.org

ou

Tel : 1-800-334-LIFE
(Pour les États-Unis et le Canada)

Vous pouvez également contacter n'importe laquelle des organisations continentales dont la liste figure dans les pages suivantes, elles peuvent vous diriger vers l'une des milliers d'églises et de missions dans le monde.

Vous pouvez obtenir les livres et les conférences de Ron Hubbard à l'une quelconque de ces adresses ou directement chez les éditeurs à la page précédente.

ORGANISATIONS ECCLÉSIASTIQUES CONTINENTALES :

ÉTATS-UNIS

CHURCH OF SCIENTOLOGY
CONTINENTAL LIAISON OFFICE
WESTERN UNITED STATES
1308 L. Ron Hubbard Way
Los Angeles, California 90027 USA
info@wus.scientology.org

CHURCH OF SCIENTOLOGY
CONTINENTAL LIAISON OFFICE
EASTERN UNITED STATES
349 W. 48th Street
New York, New York 10036 USA
info@eus.scientology.org

CANADA

CHURCH OF SCIENTOLOGY
CONTINENTAL LIAISON OFFICE
CANADA
696 Yonge Street, 2nd Floor
Toronto, Ontario
Canada M4Y 2A7
info@scientology.ca

AMÉRIQUE LATINE

CHURCH OF SCIENTOLOGY
CONTINENTAL LIAISON OFFICE
LATIN AMERICA
Federacion Mexicana de Dianetica
Calle Puebla #31
Colonia Roma, Mexico D.F.
C.P. 06700, Mexico
info@scientology.org.mx

ROYAUME-UNI

CHURCH OF SCIENTOLOGY
CONTINENTAL LIAISON OFFICE
UNITED KINGDOM
Saint Hill Manor
East Grinstead, West Sussex
England, RH19 4JY
info@scientology.org.uk

AFRIQUE

CHURCH OF SCIENTOLOGY
CONTINENTAL LIAISON OFFICE AFRICA
5 Cynthia Street
Kensington
Johannesburg 2094, South Africa
info@scientology.org.za

EUROPE
CHURCH OF SCIENTOLOGY
CONTINENTAL LIAISON OFFICE EUROPE
Store Kongensgade 55
1264 Copenhagen K, Denmark
info@scientology.org.dk

Church of Scientology
Liaison Office of Commonwealth
of Independent States
Management Center of Dianetics
and Scientology Dissemination
Pervomajskaya Street, House 1A
Korpus Grazhdanskoy Oboroni
Losino-Petrovsky Town
141150 Moscow, Russia
info@scientology.ru

Church of Scientology
Liaison Office of Central Europe
1082 Leonardo da Vinci u. 8-14
Budapest, Hungary
info@scientology.hu

Church of Scientology
Liaison Office of Iberia
C/Miguel Menendez Boneta, 18
28460 - Los Molinos
Madrid, Spain
info@spain.scientology.org

Church of Scientology
Liaison Office of Italy
Via Cadorna, 61
20090 Vimodrone
Milan, Italy
info@scientology.it

AUSTRALIE, NOUVELLE-ZÉLANDE ET OCÉANIE
CHURCH OF SCIENTOLOGY
CONTINENTAL LIAISON OFFICE ANZO
20 Dorahy Street
Dundas, New South Wales 2117
Australia
info@scientology.org.au

Church of Scientology
Liaison Office of Taiwan
1st, No. 231, Cisian 2nd Road
Kaohsiung City, Taiwan, ROC
info@scientology.org.tw

DEVENEZ MEMBRE
DE L'ASSOCIATION
INTERNATIONALE DES SCIENTOLOGUES

L'Association internationale des scientologues (IAS) est l'association qui regroupe tous les scientologues dans la croisade la plus importante sur Terre.

Elle propose une carte de membre gratuite de six mois à tous ceux qui n'ont jamais été membres.

En tant que membre, vous avez droit à des réductions exclusives sur les articles de Scientologie. Vous recevrez aussi le magazine de l'Association, *IMPACT,* publié six fois par an, rempli de nouvelles du monde entier sur la Scientologie.

Le but de l'IAS est :

« Unir, faire progresser, soutenir et protéger la Scientologie et les scientologues dans toutes les parties du monde de façon à atteindre les buts de la Scientologie tels qu'ils ont été énoncés par Ron Hubbard. »

Joignez-vous au plus grand mouvement de réforme sur la planète aujourd'hui, qui enrichit la vie de millions de gens avec les vérités présentes en Scientologie.

JOIGNEZ-VOUS À L'ASSOCIATION
INTERNATIONALE DES SCIENTOLOGUES.

Pour votre adhésion,
écrivez à l'Association
internationale des scientologues
c/o Saint Hill Manor, East Grinstead
West Sussex, England, RH19 4JY

www.iasmembership.org

GLOSSAIRE DES ÉDITEURS

Les mots ont souvent plusieurs sens. Les définitions qui suivent ne précisent que les sens des mots tels qu'ils sont employés dans ce livre. Les termes de Dianétique et de Scientologie apparaissent en caractères gras. À côté de chaque définition vous trouverez la page sur laquelle le mot apparaît en premier, pour que vous puissiez vous référer au texte si vous le souhaitez.

Ce glossaire ne vise pas à remplacer un dictionnaire normal ou des dictionnaires de Dianétique et de Scientologie qu'il convient de consulter pour tous les mots qui n'apparaissent pas ci-dessous.

Les éditeurs

aberration : déviation de la pensée ou du comportement rationnel ; qui n'est pas sain d'esprit. Du latin *aberrare*, s'éloigner de ; latin *ab*, loin de, et *errare*, errer. Le mot signifie fondamentalement s'égarer, faire des erreurs, ou plus spécifiquement, avoir des idées fixes qui ne sont pas vraies. La cause entière de l'aberration est expliquée dans la découverte du mental réactif auparavant inconnu. Le livre *La Dianétique : la puissance de la pensée sur le corps* décrit sa structure complète et la façon d'éradiquer ses effets néfastes. Page 70.

aberré : affecté par l'*aberration* ; qui n'est pas sain d'esprit. L'aberration est une déviation de la pensée ou du comportement rationnel. Une conduite aberrée serait une mauvaise conduite, ou une conduite irrationnelle. *Voir aussi* **aberration**. Page 70.

abreuver (s') : boire abondamment. (Utilisé au sens figuré.) Page 40.

abuser : faire un usage mauvais ou abusif de quelque chose. Page 57.

accabler : imposer à quelqu'un quelque chose de pénible, de difficile à supporter. Page 8.

accident : événement qui modifie ou interrompt fortuitement le cours de quelque chose. Page 5.

accumuler : mettre ensemble en grandes quantités ; entasser. Page 73.

admettre : permettre. Page 21.

agitateur : personne qui crée ou entretient l'agitation politique ou sociale. Page 20.

aîné : personne plus âgée (qu'une autre). Page 6.

aléa : événement imprévisible, tour imprévisible que peuvent prendre les événements. Page 12.

aléatoire : qui dépend d'un événement incertain ; hasardeux. Page 7.

allégrement : d'une manière allègre, avec entrain. Page 20.

Anciens : peuples, nations ou cultures de l'ancien temps. Page 48.

anesthésie : perte totale ou partielle de la sensation, spécialement de la sensation tactile, qui est provoquée par un agent causant la perte de la sensation accompagnée ou non d'une perte de la conscience. Page 114.

anglo-américain : relatif à la fois à l'Angleterre et à l'Amérique. Page 104.

angoissé : qui éprouve ou exprime un malaise né du sentiment de l'imminence d'un danger. Page 77.

antenne : unité avancée du service de santé militaire. Page 105.

antipathie : hostilité instinctive à l'égard de quelque chose. Page 97.

antipathique : qui inspire de l'antipathie, une hostilité instinctive à l'égard de quelque chose. Page 46.

apathie : complète absence d'émotion ou d'intérêt général pour les choses ; inaptitude à réagir de façon émotionnelle. Un individu en apathie n'a aucune énergie. Page 20.

âpre : dur, pénible. Page 10.

aptitude : disposition naturelle pour quelque chose, comme la capacité d'apprendre, l'intelligence, etc. Page 5.

aqueux : qui est de la nature de l'eau. Page 94.

ardu : difficile à comprendre, à résoudre, compliqué, pénible. Page 35.

arrière : partie d'une force militaire qui se trouve le plus loin du front. Page 105.

arriviste : personne dénuée de scrupules qui veut arriver, réussir dans le monde par n'importe quel moyen. Page 6.

Asie : plus grand continent du monde, l'Asie est entourée par l'océan Arctique, l'océan Pacifique et l'océan Indien et séparée de l'Europe par les montagnes de l'Oural. L'Asie inclut également le Japon, les Philippines, Taiwan, la Malaisie et l'Indonésie. Page 14.

assiéger : harceler quelqu'un de demandes, importuner. Page 104.

assurément : certainement, sûrement. Page 29.

« attente que quelque chose se présente » : allusion à la philosophie de la vie affichée par Wilkins Micawber, personnage de *David Copperfield*, célèbre roman de l'auteur anglais Charles Dickens (1812-1870). Micawber, un ami de Copperfield, trouve beaucoup d'idées sur la façon de s'enrichir et même si ses entreprises échouent, il n'abandonne jamais et reste persuadé que quelque chose « se présentera ». Page 21.

auditer : en Scientologie le mot signifie effectuer une série précise de techniques ou d'exercices, appliquée par un praticien pour aider une personne à découvrir des choses la concernant et concernant sa vie et pour améliorer son état. Page 89.

automatiser : rendre un processus, un fonctionnement automatique ; procéder à l'automatisation de. Page 35.

autorités : les personnes qui exercent l'autorité. Page 35.

avancement : le fait de s'élever dans la voie hiérarchique ou dans celle des honneurs. Page 7.

aversion : répugnance, répulsion. *Avoir quelqu'un, quelque chose en aversion :* le détester. Page 35.

axiomes : énoncés de lois naturelles du même ordre que celles des sciences physiques. Page v.

bannir : condamner quelqu'un à quitter un pays avec interdiction d'y rentrer. Page 34.

barbouiller : couvrir d'une substance salissante. Page 6.

beau temps, bonne route : termes qui caractérisent des choses, des activités ou des sujets qui ont la faveur de tous. Page 87.

bousiller : gâcher un travail ; rendre inutilisable. Page 22.

boussole : instrument pour déterminer la direction, qui a généralement une aiguille magnétique qui montre automatiquement le nord. Au sens figuré, cela signifie quelque chose qui aide quelqu'un à découvrir la direction correcte à suivre. Page 11.

bricoler : faire des petites réparations, des aménagements de ses propres mains ; réparer sommairement. Page 115.

cabale : manœuvres secrètes, concertées contre quelqu'un ou quelque chose ; association de ceux qui s'y livrent. Page 8.

cadre : 1. salarié(e) exerçant généralement une fonction de direction, de conception ou de contrôle dans une entreprise et bénéficiant d'un statut particulier. Page 1.
2. les limites prévues (utilisé avec des expressions telles que sortir du cadre, rester dans le cadre, dépasser le cadre, etc.) Page 61.

capital : richesse destinée à produire un revenu ou de nouveaux biens ; moyens de production (spécialement lorsqu'ils ne sont pas mis en action par leur propriétaire) ; ensemble de ceux qui possèdent les richesses, les moyens de production. Page 10.

certificat : acte attestant la réussite d'un examen. Page 6.

chaos : état de confusion ou de désordre complet ; total manque d'organisation ou d'ordre. Également, matière informe telle qu'il peut en exister avant l'introduction d'ordre dans l'univers physique. Page 10.

charme : pouvoir de plaire ou d'attirer, comme par sa personnalité ou sa beauté. Page 5.

chef, de son propre : de sa propre autorité. Page 59.

choc : coup ou impact physique soudain et violent ; collision ; toute agitation ou tout dérangement soudain du mental ou de l'émotion comme à cause d'une grande perte ou d'une grande surprise. Page 106.

chronique : qui dure longtemps ou qui continue. Page 93.

chroniquement : d'une manière qui dure longtemps, qui est de longue durée ou qui est dans un état qui dure. Page 92.

circuit : en électricité, parcours complet effectué par un courant électrique pour accomplir une action particulière. En Dianétique, on emploie le terme pour décrire une partie du mental qui agit comme un *circuit*, qui remplit une certaine fonction, particulièrement quand cela s'effectue indépendamment de la volonté de la personne. Page 92.

concepteur : personne chargée de trouver des idées nouvelles. Page 57.

condamnation : action de fixer la punition ou la peine de. Page 5.

condamner : désapprouver, blâmer, déclarer répréhensible, interdire. Page 7.

condition : circonstance. Page 11.

connaissance de cause, en : après avoir bien réfléchi. Page 67.

conseil d'administration : dans une société anonyme (ou une association), réunion d'actionnaires (ou d'associés) désignés par les statuts ou par l'assemblée générale pour administrer les affaires de la société (ou de l'association). Page 5.

contagieux : qui se répand ou qui a tendance à se répandre d'une personne à une autre, qui est comme une maladie qui se transmet par contact physique direct ou indirect. Page 61.

contrainte : pression morale ou physique exercée sur quelqu'un ou quelque chose. Page 33.

contrarié : ennuyé ou fâché, déçu. Page 51.

contrecarrer : s'opposer à quelqu'un, quelque chose ; neutraliser. Page 61.

contremaître : personne responsable d'une équipe d'ouvriers, par exemple sur un site de construction ou dans une usine. Page 5.

convulsion : agitation violente, trouble soudain. Page 10.

corrélation : lien, rapport réciproque. Page 94.

coup de pot : coup de chance. Page 10.

courant : changement de forces constant ou fréquent. Page 20.

cours par correspondance : cours éducatif où l'organisation, l'école ou l'institution qui le procure envoie les leçons et les examens à l'étudiant par courrier, généralement à son domicile. Les étudiants renvoient de la même façon leurs travaux une fois terminés pour qu'ils soient corrigés. Page 8.

créer : fonder, établir. Page 10.

cricket : jeu populaire dans certains pays dont l'Angleterre, l'Inde et l'Australie. Deux équipes de onze joueurs essayent de marquer des points en frappant une balle en cuir à l'aide d'une batte en bois plate, et en courant entre deux ensembles de piquets en bois. Page 68.

cynique : caractéristique d'une personne qui a une basse opinion de l'humanité, qui ne fait pas confiance à la sincérité ou à l'intégrité de l'humanité. Page 5.

dactylo : personne dont la profession est d'écrire ou de transcrire des textes en se servant d'une machine à écrire. Page 6.

déboire : événement décevant, fâcheux. Page 52.

décourager : rendre sans courage, sans énergie, ni envie d'action. Page 10.

délinquance juvénile : comportement asocial et illégal perpétré par des jeunes. Page 104.

dément : atteint de troubles mentaux graves caractérisés par un affaiblissement progressif et irréversible des fonctions intellectuelles. Page 36.

dénominateur commun : élément commun à des choses, des phénomènes ou des personnes. Page 26.

dépotoir : dépôt d'ordures. Page 104.

dépression : 1. crise économique caractérisée par la diminution de la consommation, la chute des cours, la baisse de la production et des prix, la montée du chômage. Page 19.
2. crise économique grave qui débuta aux États-Unis, entraînant un chômage élevé et une pauvreté à grande échelle qui dura de 1929 à 1939. Page 39.

déraison : manque de raison, de bon sens. Page 33.

désillusion : perte d'une illusion, désenchantement. Page 7.

désinvolte : qui est à l'aise, dégagé dans ses attitudes, ses mouvements. Page 75.

despotique : propre au despote (personne qui gouverne avec une autorité illimitée et absolue, spécialement quand elle est appliquée de manière injuste, cruelle et sévère). Page 10.

désuet : sorti des habitudes, du goût moderne. Page 123.

Dickens : Charles Dickens (1812-1870), auteur populaire anglais qui écrivit à propos de la société du dix-neuvième siècle et dont les histoires présentaient des personnages excentriques. *Voir aussi* « **attente que quelque chose se présente** ». Page 21.

diminution graduelle suite à un contact continu : allusion à l'énergie qui diminue graduellement, comme une batterie qui est en contact avec un appareil électrique et qui se décharge par son utilisation continue. Page 106.

dispensaire : établissement (public ou privé) à caractère social où l'on donne gratuitement des soins courants et où l'on assure le dépistage et la prévention de certaines maladies. Page 91.

dissiper : faire cesser, faire disparaître. Page 113.

donnée : unité d'information ; fait ; chose connue ou supposée. Page 22.

douairière : veuve jouissant des droits sur les biens de son mari. Page 33.

dramatiser : imiter, exprimer ou mettre en actions, comme un acteur le ferait dans une pièce en jouant son rôle. Page 40.

dudit : dont on vient de parler. Page 94.

Durand-Dupont : nom de société inventé. Page 6.

dynastie : série ou succession de souverains de la même famille ou de la même lignée. Page 10.

échelle des tons : échelle des tons émotionnels qui montre les niveaux de comportement humain. L'échelle des tons est décrite de façon complète au chapitre six. Page 89.

embourber : empêtrer dans une affaire difficile. Page 67.

emprise : domination intellectuelle ou morale. Page 109.

engourdi : qui est privé en grande partie de mobilité et de sensibilité. Page 6.

éradication : fait de faire disparaître. Page 76.

ère de la machine : ère qui a commencé à la fin du dix-huitième siècle et qui est connue pour son utilisation étendue des moyens mécaniques, remplaçant l'artisanat et ses produits. Page 39.

ère industrielle : période de l'histoire anglaise du milieu du dix-huitième siècle au milieu du dix-neuvième siècle caractérisée par des changements sociaux et économiques marquant la transition entre une société agraire stable et une société industrielle moderne s'appuyant sur une mécanisation complexe et des usines de production à grande échelle plutôt que sur des outils manuels et une production artisanale. Par extension, toute période similaire dans l'histoire d'un pays. Page 11.

esquiver : éviter adroitement, se soustraire habilement. Page 107.

essuyer (des reproches) : subir, souffrir quelque chose de fâcheux, de pénible, de désagréable. Page 107.

état d'être : le fait d'être se définit comme « la conséquence d'avoir assumé une identité ». Par exemple notre propre nom, la profession que l'on exerce, nos caractéristiques physiques. Chacune de ces choses ou l'ensemble de ces choses pourrait s'appeler notre *état d'être*. L'état d'être est assumé par soi-même, ou nous est donné, ou il est réalisé. Page 91.

État policier : pays dans lequel le gouvernement utilise la police, en particulier la police secrète, pour exercer une surveillance étroite sur la vie économique et sociale du peuple et limiter sévèrement leur liberté de se réunir, d'écrire et de parler de politique. Page 58.

État providence : système politique dans lequel un gouvernement subvient aux besoins les plus fondamentaux des citoyens, par exemple en leur versant directement de l'argent quand ils n'ont pas de travail ou en prenant financièrement en charge leurs soins médicaux. Page 33.

être, y : comprendre. Page 25.

Europe de l'Est : partie de l'Europe qui inclut les pays se trouvant entre la partie est de l'Allemagne et la partie ouest de la Russie. Page 14.

évertuer (s') : faire tous ses efforts, se donner beaucoup de peine. Page 41.

expéditionnaire : employé chargé des expéditions dans une maison de commerce. Page 5.

facteur : chacun des éléments contribuant à un résultat. Page 6.

fallacieux : illusoire, vain. Page 12.

fastidieux : qui rebute en provoquant l'ennui, la lassitude ; ennuyeux, fatigant, insupportable. Page 62.

fausser : déformer (quelque chose) ; faire perdre sa justesse, sa perfection à. Page 6.

fauteur de troubles : personne qui provoque des troubles. Page 76.

fin : chose qu'on veut réaliser, à laquelle on tend volontairement. Page 26.

firme : entreprise industrielle ou commerciale. Du latin *firmus,* « ferme » le mot en est venu à signifier « ratifier par signature », et plus tard « désignation sous laquelle une firme conduit ses affaires » et « maison commerciale ». Page 96.

fortuit : qui arrive ou semble arriver par hasard, d'une manière imprévue. Page 8.

fortune : ensemble des biens, des richesses qui appartiennent à un individu, à une collectivité. Page 122.

frénétique : dans un état d'agitation et d'excitation violente et excessive. Page 106.

front : ligne ou partie d'une armée qui est la plus avancée ; position la plus avancée qu'une armée a atteint. Page 105.

gravité : qualité d'une personne grave (sérieuse, sévère). Page 29.

grippe : *prendre en grippe,* avoir une antipathie soudaine contre (quelqu'un, quelque chose). Page 73.

guère : pas beaucoup, pas très. Page 6.

hiérarchie : organisation sociale dans laquelle chacun se trouve dans une série ascendante de pouvoirs ou de situations. Page 55.

Hitler : Adolf Hitler (1889-1945), homme politique allemand du vingtième siècle qui rêvait de créer une race de maîtres qui régnerait pendant mille ans comme le IIIe Reich (empire germanique). En 1933, il s'empara du pouvoir par la force et devint le dictateur de l'Allemagne. Il débuta la Seconde Guerre mondiale (1939-1945) et conquit une grande partie de l'Europe. Il assassina des millions de Juifs ainsi que d'autres individus considérés comme « inférieurs ». Il se suicida en 1945 alors que l'Allemagne était sur le point d'être vaincue. Page 115.

Homère : ancien poète grec (environ du neuvième siècle avant J.-C.), auteur du poème épique l'*Odyssée* dans lequel, au cours d'un voyage de dix ans pour rentrer chez lui après la guerre, le héros, Ulysse, et ses hommes sont jetés par un orage sur le rivage de l'île des mangeurs de Lotus (dont les habitants mangent le fruit de la plante légendaire, le lotus, dont les Grecs parlent dans leur mythologie comme d'une plante produisant un fruit qui provoque un état d'oubli béat et de satisfaction rêveuse chez ceux qui en mangent). Après avoir mangé de ce fruit, les hommes d'équipage perdent tout leur désir de rentrer dans leur terre natale et doivent être traînés à leur navire et attachés aux bancs des rameurs. Page 36.

homme : être humain, quel que soit son sexe ou son âge ; une personne. Page 6.

Homme : espèce ou race humaine, genre humain, humanité. Page 1.

hymnes védiques : les plus anciens écrits dont on a une trace sur Terre. Ils forment les plus anciens textes des Hindous (les natifs de l'Inde) dont plus de cent volumes existent encore. Ils parlent d'évolution, de l'Homme qui arrive dans cet univers et de la courbe de la vie qui est la naissance, la croissance, la dégénérescence et la décomposition. Page 48.

identifier : associer ou relier une chose à une autre dans le mental de telle sorte qu'elles soient considérées comme une seule et même chose alors qu'en fait elles ne sont pas identiques. On a découvert que cette sorte de pensée irrationnelle était la façon dont le mental réactif fonctionnait : n'importe quelle chose est identifiée à n'importe quelle chose, ce qui revient à dire que n'importe quoi est égal à n'importe quoi, est égal à n'importe quoi. Voir le livre *La Dianétique : la puissance de la pensée sur le corps*. Page 75.

idéologie : les doctrines, opinions ou manières de penser d'un individu, d'une classe sociale, etc. ; spécifiquement, l'ensemble des idées sur lesquelles se fonde un système politique, économique ou social particulier. Page 20.

illusoire : qui peut faire illusion, mais ne repose sur rien de réel, de sérieux. Page 5.

image mentale : image stockée dans le mental réactif et qui est l'enregistrement complet dans les moindres détails de toutes les perceptions présentes dans un moment de douleur et d'inconscience totale ou partielle. Ces images mentales possèdent leur propre force et sont capables de commander le corps. Page 75.

imputable : qui peut, qui doit être imputé à quelqu'un, à quelque chose. (Imputer : attribuer à quelqu'un, à quelque chose la responsabilité de.) Page 52.

inciter : pousser à, engager vivement à. Page 45.

inconnu : ce qui est inconnu, ignoré (quels que soient les formes, les causes et le domaine de cette ignorance). Page 12.

indéterminé : qui n'est pas déterminé, précisé, fixé ; imprécis, indéfini. Page 46.

indispensable : dont on ne peut se passer. Page 122.

individualité : ensemble des caractéristiques ou des qualités qui distinguent les personnes les unes des autres ; caractère particulier. Page 68.

industrie : activité économique qui s'occupe de la transformation de matières premières et de la fabrication de biens dans les usines. Page 92.

industriel : chef d'entreprise. Page 20.

inéluctablement : d'une manière qu'on ne peut éviter, empêcher. Page 68.

inestimable : dont la valeur dépasse toute estimation. Page 6.

inexplicablement : de façon qui ne peut être expliquée ou comprise. Page 19.

infirmer : détruire la valeur, l'autorité de. Page 24.

ingrat : qui ne dédommage guère de la peine qu'il coûte, ardu, stérile. Page 10.

inspiration : stimulation ou influence externe sur le mental (et les émotions) qui poussent à penser d'une certaine façon, à agir, etc. Utilisé ici de façon humoristique. Page 27.

insupportablement : d'une manière insupportable (qu'on ne peut supporter, qui est intolérable). Page 20.

intimement : très profondément ; étroitement. Page 34.

intimider : remplir de timidité, de trouble, de gêne. Page 39.

jauger : apprécier par un jugement de valeur. Page 60.

jovial : qui est d'une gaieté simple et communicative ; qui exprime la gaieté. Page 96.

languir, se : s'ennuyer du fait de l'absence de quelque chose ou de quelqu'un. Page 34.

laver : *se laver les mains de quelque chose,* décliner toute responsabilité qui en découle, ne plus s'en préoccuper. Page 86.

lieu (avoir lieu de) : avoir une raison, de bonnes raisons pour. Page 58.

ligne de communication : trajet emprunté par une communication (particule, message, etc.) d'une personne à une autre. Page 88.

lit de clous : allusion à la pratique de certains ordres religieux orientaux consistant à s'asseoir ou à s'allonger sur une planche couverte de clous, avec l'idée qu'on peut retirer un bénéfice spirituel de la douleur ou de l'inconfort. Page 14.

lois sur le travail des enfants : allusion aux lois passées aux alentours de 1830, imposant des restrictions à l'emploi des enfants et des adolescents jusqu'à ce qu'ils aient atteint un âge spécifique. Page 34.

lot : ce qui échoit à quelqu'un ; ce que le hasard, la destinée, la nature lui réserve. Page 8.

Lotus, pays du : pays légendaire décrit dans le poème l'*Odyssée* du poète grec Homère (environ du neuvième siècle avant J.-C.), dans lequel au cours d'un voyage de dix ans pour rentrer chez lui après la guerre, le héros, Ulysse, et ses hommes sont jetés par un orage sur le rivage de l'île des mangeurs de Lotus (dont les habitants mangent le fruit de la plante légendaire, le lotus, dont les Grecs parlent dans leur mythologie comme d'une plante produisant un fruit qui provoque un état d'oubli béat et de satisfaction rêveuse chez ceux qui en mangent). Après avoir mangé de ce fruit, les hommes d'équipage perdent tout leur désir de rentrer dans leur terre natale et doivent être traînés à leur navire et attachés aux bancs des rameurs. *Voir aussi* **Homère**. Page 36.

mandat : titre par lequel une personne donne à une autre le pouvoir d'effectuer un paiement. Page 88.

manifeste : (adjectif) dont l'existence ou la nature est évidente. Page 71.

manifester : exprimer, faire connaître, donner des preuves de. Page 56.

manœuvre : ouvrier exécutant des travaux qui n'exigent pas d'apprentissage préalable. Page 55.

Marx : Karl Marx (1818-1883), philosophe allemand dont les travaux sont à l'origine du communisme au XXe siècle et qui considérait la société comme un conflit entre les capitalistes (les propriétaires des usines) et les travailleurs. Marx et les communistes qui le suivaient accusaient les capitalistes des conditions de travail misérables comme le fait de peu payer les travailleurs, les longues heures de travail dans des conditions dangereuses et au détriment de la santé ainsi que l'utilisation abusive des enfants comme force de travail. Page 104.

matière première : produit naturel qui n'a pas été traité et qui est utilisé dans la fabrication de produits finis. Page 45.

maxime : énoncé d'une règle ou d'une loi générale. Page 63.

médisance : action de dire de quelqu'un le mal qu'on sait ou qu'on croit savoir sur son compte. Page 8.

méfait : acte nuisible commis contre un autre ou contre d'autres (tel que des lois injustes, des impôts, des taxes, etc., qui affectent une entreprise). Page 115.

menace : signe, indice qui laisse prévoir un danger. Page 8.

mental analytique : mental conscient qui pense, observe les données, s'en souvient et résout les problèmes. C'est essentiellement le mental conscient, par opposition au mental inconscient. En Dianétique et en Scientologie, le mental analytique est celui qui est alerte et conscient, et le mental réactif se contente de réagir sans analyser. Page 74.

mental réactif : le mental réactif est un mécanisme de type excitation-réflexe. D'une construction robuste et fonctionnant dans des circonstances pénibles, le mental réactif ne cesse jamais de fonctionner. Il enregistre des images de l'environnement, d'un très bas niveau, même dans certains états d'inconscience. Il opère au-dessous du niveau de la conscience. Page 74.

méprisé : qu'on considère comme indigne d'estime, comme moralement condamnable. Page 6.

mésémotion : *més-* élément à valeur péjorative. La *mésémotion* est toute émotion déplaisante, telle que l'antagonisme, la colère, la peur, le chagrin, l'apathie ou un sentiment de mort. Page 85.

mesure : moyen mis en œuvre en vue d'un résultat déterminé. Page 45.

morne : plein de tristesse. Page 87.

mouvoir, se : être en mouvement. Page 27.

moyens : ressources financières, fortune, richesse. Page 20.

myope : qui a la vue courte, qui ne voit distinctement que les objets rapprochés. Au figuré, qui manque de perspicacité, de largeur de vue. Page 70.

nage, en : inondé de sueur. Page 6.

naguère : autrefois, jadis. Page 104.

Napoléon : Napoléon Bonaparte (1769-1821), homme politique français. Il parvint au pouvoir en France par la force militaire, se déclara empereur et conduisit des campagnes de conquêtes à travers l'Europe jusqu'à sa défaite finale en 1815 face aux armées alliées contre lui. Un demi-million d'hommes moururent durant les guerres napoléoniennes entre 1799 et 1815. Page 58.

non-savoir : état ou fait de ne pas savoir, de ne pas être sûr, de ne pas être certain. Page 12.

notoire : connu d'un très grand nombre de personnes ; public ; célèbre. Page 35.

obstruer : boucher par un obstacle, barrer. Page 86.

occidental : qui se rapporte à l'Occident, à l'Europe de l'Ouest et aux États-Unis. Page 14.

ogre : personne sauvage et cruelle. Le mot désigne un géant des contes de fées, à l'aspect effrayant, se nourrissant de chair humaine. Page 116.

-ologies : branches de la connaissance. *-ologie* est placé à la fin d'un mot et signifie « étude de » ou « connaissance », d'habitude en référence à une science ou branche de la connaissance ; par exemple, biologie (étude des organismes vivants) ou géologie (étude de l'histoire physique de la Terre). Dans ce texte, le mot fait allusion à la psychologie freudienne et à la théorie que les difficultés de l'Homme sont dans une large mesure causées et motivées par des désirs sexuels réprimés et cachés, des passions ou attractions de l'enfant pour le parent du sexe opposé, de l'hostilité à l'égard du parent du même sexe, etc. Page 11.

orage : perturbation atmosphérique violente, caractérisée par des phénomènes électriques (éclairs, tonnerre), souvent accompagnée de pluie, de vent. Au figuré, trouble (politique, social ou familial) qui éclate ou menace d'éclater. Page 20.

ordonnance : texte législatif émanant du gouvernement avec l'autorisation du Parlement. Page 34.

ornière : trace plus ou moins profonde que les roues de voiture creusent dans les chemins. *Sortir de l'ornière* signifie sortir d'une situation où l'on est enlisé. Page 10.

oseille : *(familier)* argent. Page 7.

palper : examiner en touchant, en tâtant avec la main, les doigts. Page 25.

panacée : remède universel, agissant sur toutes les maladies. Page 112.

particule : très petite partie, infime quantité d'un corps. Page 22.

pâtir de : souffrir à cause de ; subir les conséquences fâcheuses, pénibles de. Page 52.

perpétrer : faire, exécuter (un acte criminel). Page 10.

perplexe : indécis, embarrassé face à une situation ; qui ne sait quelle décision prendre. Page 10.

pétition : écrit adressé aux pouvoirs publics, par lequel toute personne (seule ou avec d'autres) exprime son opinion sur ce qui la concerne ou sur une question d'intérêt général. Page 40.

phénomène : fait ou événement observable. Page 113.

philosophie : ensemble d'opinions, d'idées ou de principes, théorie de base, vue ou vision, comme ceux appartenant à un domaine particulier tel que la philosophie politique. Page 21.

place : fait d'être admis dans un groupe, un ensemble, d'être classé dans une catégorie ; condition, situation dans laquelle on se trouve ; position, rang dans une hiérarchie. Page 6.

plaidoirie : exposé oral visant à défendre un accusé, à soutenir une cause. Page 33.

plan : aspect sous lequel on considère quelqu'un, quelque chose. Page 34.

plutôt que : au lieu de. Page 62.

poignée : petit nombre de personnes. Page 6.

point de mire : point de visée, endroit où l'on veut que le coup porte et au sens figuré le centre d'intérêt, d'attention. Page 26.

politique : qui a rapport aux responsabilités et aux devoirs du gouvernement, le groupe de gens ou d'individus gouvernant les affaires internes et externes d'un État, d'une nation, etc. Page 11.

poste : emploi auquel on est nommé dans une hiérarchie ; lieu où l'on exerce. Page 6.

pot-de-vin : somme d'argent, cadeaux offerts clandestinement pour obtenir illégalement un avantage. Page 57.

praticien : personne engagée dans la pratique d'une profession ou d'une occupation. Page 75.

prépondérant : qui a plus de poids, qui l'emporte en autorité, en influence. Page 6.

président, un grand : allusion à Franklin Delano Roosevelt (1882-1945), trente-deuxième président des États-Unis (1933-1945). Page 39.

principe : proposition, notion importante à laquelle est subordonné le développement d'un ordre de connaissance. Page 14.

privation : absence des nécessités et des conforts de la vie les plus élémentaires. Également l'état qui résulte d'une telle absence. Page 68.

procédé : série d'étapes, d'actions ou de changements techniquement exacts et systématiques faite pour aboutir à un résultat spécifique et défini. En Scientologie, une série précise de techniques ou d'exercices, appliquée par un praticien pour aider une personne à découvrir des choses la concernant et concernant sa vie et pour améliorer son état. Page 97.

promotion : fait de parvenir à un grade, un emploi supérieur. Page 6.

propitiation : émotion basse située au-dessous de la colère et proche de l'apathie. La *propitiation* signifie essayer de faire plaisir ou de satisfaire quelqu'un d'une façon calculée pour gagner sa faveur dans le but de se défendre ou de se protéger contre sa désapprobation, ses attaques, etc. Page 88.

ramification : subdivision de ce qui va dans des directions différentes. Dans le contexte, résultat ou conséquence de quelque chose. Page 113.

rats, étude des : allusion aux méthodes de psychologie et de psychiatrie qui étudient le comportement de rats en cage dans l'espoir de pouvoir appliquer leurs observations aux hommes. Page 14.

rayon d'action : zone d'activité. Page 60.

rebutant : qui rebute, ennuie ; repoussant. Page 41.

rebuter : détourner, dégoûter (quelqu'un) d'une entreprise, par les obstacles, les échecs, l'ennui. Page 85.

recours : action de mettre en œuvre un moyen. Page 21.

recouvrer : rentrer en possession de (ce qu'on avait perdu). Page 78.

régenter : diriger avec une autorité excessive ou injustifiée. Page 7.

relever de : être du domaine de. Page 5.

rembrunir, se : prendre un air sombre, triste. Page 74.

rémunéré : qui est payé. Page 36.

répugnance : manque d'enthousiasme à l'égard d'une action ou d'une entreprise. Page 62.

rescousse, à la : au secours, à l'aide. Page 28.

résigner, se : se soumettre sans protestation (à quelque chose de pénible, de désagréable) ; accepter en dépit de ses répugnances. Page 73.

résolu : qui sait prendre hardiment une résolution et s'y tenir fermement. Page 124.

restimuler : réactiver ; stimuler de nouveau. *Re-* signifie de nouveau et *stimuler* signifie mettre en action ou en activité. Page 74.

restreindre : rendre plus petit ; enfermer dans des limites plus étroites. Page 114.

retraite : somme d'argent payée régulièrement à une personne qui s'est retirée de la vie professionnelle, en échange de ses services passés. Page 19.

révolter, se : être rempli d'indignation, de dégoût et de colère (contre ce qu'on rejette). Page 7.

révolution rouge : révolution violente, radicale et sanglante, telle que la révolution communiste de 1917 qui se déroula en Russie et où le gouvernement existant fut pris par la force et remplacé par un gouvernement communiste mené par Vladimir Lénine (1879-1924). Le mot *rouge* suggère non seulement la violence mais fait allusion à une personnalité radicale ou révolutionnaire, spécialement un communiste car leurs dictatures sont généralement accompagnées d'effusion de sang. Page 10.

river : attacher fermement, fixer. Page 109.

rouage : chacune des roues d'un mécanisme. Au sens figuré, chaque élément d'un organisme considéré dans sa participation à l'ensemble. Ce terme peut décrire avec un sens péjoratif un travailleur individuel (rouage) qui exécute des actions mineures et automatiques au sein d'une vaste machine insensible. Ce concept du travailleur comme un simple manœuvre dirigé par des forces supérieures a été popularisé par Karl Marx à la fin du XIXe siècle. Marx ne considérait pas le travailleur comme un individu créatif et actif mais comme une simple parcelle d'une masse ou d'une classe de « travailleurs » similaires exécutant laborieusement leurs tâches. *Voir aussi* **Marx**. Page 7.

sanction : peine établie par une autorité pour réprimer un acte. Page 5.

sanctionner : réprimer, punir. Page 70.

science : connaissance ; compréhension de faits ou de principes, qui ont été classés et mis à disposition dans le travail, dans la vie ou dans la recherche de la vérité. Une science est un ensemble cohérent de vérités démontrées ou de faits observés qui ont été organisés de façon systématique et qui sont liés par des lois générales. Cela inclut des méthodes éprouvées pour découvrir de nouvelles vérités à l'intérieur de son champ d'application et dénote l'application de méthodes scientifiques dans des domaines d'étude autrefois considérés comme uniquement accessibles aux théories basées sur des critères abstraits, subjectifs, historiques ou indémontrables. Le mot science, quand il est appliqué à la Scientologie, est utilisé dans ce sens – son sens fondamental ainsi que traditionnel – et non dans le sens de sciences *physiques* ou *matérielles*. Page 1.

sciences exactes : sciences (telles que les mathématiques ou la physique), dans lesquelles les faits peuvent être observés avec précision et les résultats peuvent être prédits avec précision. Page v.

secrétaire : personne chargée de rédiger le courrier de quelqu'un, de classer ses documents, de préparer des dossiers. Page 6.

serrer les dents : concentrer son énergie, s'apprêter à un dur effort, à supporter une chose désagréable. Page 21.

service : organisation chargée d'une branche d'activités correspondant à une fonction d'utilité sociale. Page 7.

service militaire : système dans lequel tous les citoyens aptes d'un pays doivent servir dans les forces armées pendant une période de temps spécifique. Page 104.

sillage : *le sillage* est la trace qu'un bâtiment laisse derrière lui à la surface de l'eau. Ainsi, *dans le sillage de...* signifie à la suite de... Page 26.

slogan : formule brève et frappante, lancée pour propager une opinion, soutenir une action. Page 33.

soleil, sous le : dans le monde, sur Terre. Page 14.

solide : corps solide. Page 93.

spirale descendante : plus un individu empire, plus il peut empirer. Le mot *spirale* fait ici allusion à un mouvement progressif vers le bas qui est caractérisé par un état de choses qui se détériore sans relâche et qu'on considère avoir la forme d'une spirale. Ce terme provient de l'aviation où il est utilisé pour décrire le phénomène d'un avion qui descend en vrille, comme dans le cas d'un accident ou d'un tour d'acrobatie aérienne et qui, s'il n'est pas redressé, peut faire que le pilote perde la maîtrise des commandes et s'écrase. Page 73.

stable : établi de façon solide et ferme ; fixé. *Stable* vient du latin *stabilis* qui signifie ferme. Page 22.

stand : zone sur le côté d'un circuit de course pour ravitailler et s'occuper des voitures ou des motos pendant une course. Page 74.

subordonné : personne placée sous l'autorité d'une autre (quand on la considère du point de vue de sa dépendance hiérarchique). Page 55.

symptôme : ce qui manifeste, révèle ou permet de prévoir (un état, une évolution) ; signe. Page 5.

syndicat : organisation de salariés qui aide et soutient les intérêts de ses membres en ce qui concerne les salaires, les avantages ainsi que les heures et les conditions de travail. Page 33.

temps présent : maintenant ; le moment ou l'instant actuel. Page 78.

tenir tête à : résister, s'opposer avec fermeté à. Page 22.

terminal : tout ce qui peut recevoir, relayer ou envoyer une communication. Page 85.

titanesque : gigantesque et difficile. Du mythe grec des Titans, divinités géantes qui ont cherché à régner sur le ciel et qui ont été renversées. Page 67.

ton : *(de l'anglais)* état émotionnel momentané ou continuel de la personne. Page 89.

torrent : grande abondance (de ce qui afflue violemment). Page 7.

train-train : répétition monotone des actes de la vie quotidienne. Page 20.

traitement : ensemble des opérations que l'on fait subir à des substances, des matières premières, etc., pour les transformer. Page 54.

travailleur : personne salariée, spécialement dans l'industrie. Page 1.

trimer : travailler avec effort. Page 8.

tyrannie : gouvernement absolu et oppressif du tyran considéré surtout dans ce qu'il a d'injuste, d'arbitraire, de cruel. Page 10.

usine : établissement industriel où, à l'aide de machines, on transforme des matières premières en produits finis. Page 20.

valoir, faire : rendre plus actif, plus efficace. Page 53.

vaurien : personne sans aucune valeur morale ; mauvais sujet. Page 107.

védique : relatif aux *Védas*, ensemble de textes religieux et poétiques qui forment les premiers documents littéraires de l'Inde. Page 48.

verve : fougue, vivacité. Page 107.

vétuste : vieux, détérioré par le temps, usé, dégradé. Page 56.

vie : toute l'existence, transcendant la vie de tous les jours ; principe ou état d'existence spirituelle consciente ; force ou influence qui anime, cause qui est la source de l'énergie vitale, le bonheur, etc. ; une forme spirituelle d'existence éternelle qui transcende la mort physique. Page 1.

INDEX

UNE QUÊTE DE 50 000 ANS POUR DÉCOUVRIR LES FONDEMENTS DE LA VIE...

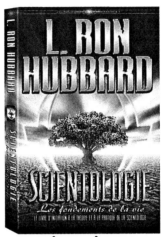

MENÉE À BIEN

Voici la théorie et la pratique de la Scientologie pour débutants. Dans ce seul prodigieux volume, vous trouverez une description concise mais détaillée des principes les plus fondamentaux de la Scientologie : des *états d'existence* qui embrassent la vie aux *huit dynamiques* qui la compartimentent en passant par les *parties de l'homme* qui révèlent la véritable relation entre le *corps*, le *mental* et l'*esprit*. Pendant des milliers d'années, l'Homme a *enquêté, réfléchi* et *spéculé* sur le « sens véritable de la vie ». Mais en Scientologie, cette recherche a abouti – le secret a été *découvert*. Fondées sur des axiomes de précision, les réponses sont *ici*. Et à l'aide de procédés de Scientologie exacts, vous les découvrirez pour *vous-même*. Car voici la Scientologie : la connaissance de VOUS.

Scientologie : les fondements de la vie